KB124118

영화는 질문을 멈추지 않는다

영화는 질문을 멈추지 않는다

이창동, 빛에서 길어 올린 삶

전주국제영화제 기획

JEONJU intl. film festival × 아를

일러두기

- 이 책은 2022년 제23회 전주국제영화제 '이창동 감독 특별전: 보이지 않는 것의 진실'을 위해 전주국제영화제가 기획하고 도서출판 아를이 편집·제작한 것이다.

- 본문에서 이창동 감독의 연출 작품명이 언급될 때에는 발표 연도를 생략했다. 이창동 감독의 연출 작품 목록과 발표 연도는 책 뒤 '필모그래피'에서 확인할 수 있다.

- 국립국어원의 한글 맞춤법에 따르는 것을 원칙으로 했으며, 단행본·장편소설·잡지는 겹화살괄호《 》를, 영화·논문·단편소설은 홑화살괄호〈 〉를 사용했다.

- 이 책은 영문판 *Lee Chang-dong: Films That Never Stop Asking Questions*으로 동시 출간되었다.

굳이 말하자면 내 영화가 관객에게
'흔적'을 남기길 바라는 것이겠죠.

- 인터뷰 '비밀의 빛을 찾아서' 중에서

보이지 않는 것의
진실

장 프랑수아 로제 Jean-François Rauger
파리 시네마테크 프랑세즈 수석 프로그램 디렉터. 《르몽드》, 《카이에 뒤 시네마》 등에 영화
평론을 기고하고 있다. 《길들여진 눈: 알프레드 히치콕과 텔레비전L'oeil domestique : Alfred
Hitchcock et la télévision》, 《새뮤얼 풀러: 충격과 애무Samuel Fuller: Le choc et la caresse》 등의
공동 저서에 참여했고, 《유니버설 스튜디오: 영화 100년》을 대표 집필했다.

옮긴이 **조경희**
파리 한국 영화제 프로그래머로 활동했고, 파리 3대학에서 영화학 박사를 취득했다. 현재
숭실대학교 불어불문학과에서 강사로 재직 중이다. 알랭 마자르 감독의 다큐멘터리 〈이창동,
아이러니의 예술〉에 조연출로 참여했다.

이창동 영화의 강력한 소설적 측면은 무엇보다도 그의
영화가 모든 영화 장르의 분류에서 벗어나 있다는 사실에
있다. 비평가들로 하여금 "이창동 감독은 드라마를
연출한다." 혹은 "그의 영화에는 희극적 요소가 있다."라고
쓰게 하는 식의 그런 분류는 그의 작품을 특징짓는 극적인
것과 우스꽝스러움, 비장함과 범속함의 독특한 결합을 보지
못하는 자기기만에 불과하다. 둘째로 이창동 영화의 강력한
소설적 측면은 한국 현대사와 한국 사회가 그의 영화에
나오는 인물들의 개별성과 분리될 수 없음을 드러내는 데
있다.

　허구와 역사 사이의 일관되게 복합적인 관계는 의심할
여지 없이 그의 두 번째 영화 〈박하사탕〉에서 가장 잘
인식할 수 있으며, 다소 이론적인 실험의 대상이 되기까지

한다. 시간의 흐름에 역행하는 일련의 시퀀스들을 통해
주인공 영호의 이야기를 들려주면서, 이창동 감독은 어쩌면
이르지 못할 근원, 즉 (알베르토 모라비아Alberto Moravia*의 해석처럼)
'순응주의자'인 한 인간의 진실을 밝힐 근원을 찾고자
하는 것 같다. 영호는 그 자신의 선택에 의해서 1970년대
말부터 20년, 광주 학살을 거쳐 민주화 이후 환멸기까지, 즉
탄압의 시대(그는 고문 경찰이었다)부터 외환위기 직전의 과잉
활황기(이때 그는 사업가가 된다)까지 사회와 그 변화에 맞춰
스스로를 탈바꿈시킨다.

사라지지 않는 죄책감

그러나 〈박하사탕〉에 내재된 인과관계를 깊이 탐색한다는
것은 의심할 나위 없이 원죄에 대한 탐색이다. 그것은 아마도
비인간적 상황을 받아들이면서 만들어진 죄의식에 대한

---

* 파시즘 정권에 탄압받았던 이탈리아의 작가. 소설 《순응주의자Il
conformista》를 통해 이탈리아가 파시스트 국가로 전락한 이유를 타인과
다르다는 감정을 견디지 못한 이탈리아인에서 찾았다. 이 소설은 1970년
베르나르도 베르톨루치에 의해 영화로 각색됐다. 이 밖에도 장 뤽 고다르의
〈경멸〉(1963)과 비토리오 데 시카의 〈두 여인〉(1960) 원작과 시나리오를
집필했으며, 다수의 소설이 영화로 각색됐다. — 옮긴이

탐색이고, 그 죄의식은 넓게는 법과 타협하고, 더 넓게는
별로 존중받지 못하는 인간의 '기본적인 품위'[*]에 대한
단순한 규칙과 타협하며 형성된 것이다. 이창동 영화에는
죄의식이 각인되어 있다.

　〈초록물고기〉는 자신에게 부재한 공동체를 찾겠다는
믿음으로 폭력 조직에 들어간 한 청년의 여정을 그린다.
그는 해체된 자신의 가족이 주는 결핍된 온정 대신 범죄
행위를 택한다. 〈오아시스〉는 어린애 같은 젊은 남자와
뇌성마비 여자라는 기묘한 커플의 이야기이며, 거짓말로
점철된 일련의 사건이 만들어낸 결과이다(남자는 형 대신 감옥에
가고, 여자의 오빠는 그녀 대신 장애인을 위한 주택을 부정하게 취한다).
이는 돈이 인간관계를 오염시키고 유독하게 만드는 경우가
아니겠는가? 〈시〉에서 소녀를 강간한 남학생들의 부모가
사건을 무마하기 위해 소녀의 엄마에게 위자료를 내밀 때,
죄의식이 갖는 교환 가치를 직감하게 한다. 〈밀양〉에서
살해당한 어린아이의 엄마는 살인범으로부터 신의 계시로

{9}

---

[*] '기본적인 품위common decency'는 조지 오웰의 작품 전체를 관통하는 주요
개념으로 '보통 사람들의 존엄'으로 번역되기도 한다. 오웰은 자본주의
문명의 지속적 타락을 부단히 경고하며 그것으로부터의 총체적 구원을
역설한 급진주의자이자, 동시에 그가 인식한 문명사적 흐름과는 정반대로
인간의 '기본적인 품위'(보통 사람들의 존엄)가 구현되는 사회를 갈망한
이상주의자였다. 고세훈, 《조지 오웰: 지식인에 관한 한 보고서》, 한길사,
2012 참조. — 옮긴이

용서받았다는 말을 듣는데, 그녀가 깨닫게 되는 것은
믿음이란 애도와 부재를 견디는 매우 실용적인 방법이며,
죄를 범하고도 살 수 있는 편리하고 이기적인(죄를 없애주는)
방법이라는 사실이지 않은가?

가족 없는 인물들

이창동 영화의 인물들은 그들의 정체성에 필수적인 소속감,
입양, 공동체, 가족을 추구하고 있다. 하지만 그들은 매번
이 조건을 거부당하거나 그로 인해 어려운 상황에 놓이게
되는데, 아마도 그들의 가족 자체가 이러한 욕망을 이끄는
불안과 신경증의 원천이기 때문일 것이다. 가족은 종종
흩어지고, 파괴되고, 제대로 기능하지 않는다. 〈시〉의
소년은 이혼 후에 부산에서 사는 엄마와 멀리 떨어져서
할머니 미자와 함께 살고 있다. 〈밀양〉의 여주인공은 먼저
남편을 잃고 다시 아들을 잃는다. 자신이 의지하는 기독교
공동체에서 안식처를 찾았다고 믿었지만, 그 후 그녀는
자신이 그들의 도덕적 기만의 피해자임을 깨닫게 된다.
〈초록물고기〉에서 막 제대한 청년은 자신에게 결핍된
근본적 연대감을 폭력 조직의 잔혹한 형제애에서 찾고자

한다. 〈오아시스〉의 주인공은 형 대신 자수해서 교통사고로
사람을 죽인 책임을 떠맡고 가족의 명예를 지켰음에도 결국
버림받는다. 마지막으로, 〈버닝〉의 주인공은 계급성의
모호함을 발견한다.

"이기적 타산이라는 얼음같이 차가운 물"[*]에 갇힌 사회의
중심에서 길을 잃은 이창동 영화의 주인공들은 가장 날것
그대로의 순수함 혹은 (조지 오웰의 의미에서) 인간의 '기본적인
품위'에 대한 타고난 감각만을 지닌 것 같다. 이 점은 〈시〉의
할머니 미자나 〈밀양〉에서 뛰어난 배우 송강호가 연기한,
어설프게 열심히 노력하는 연인 종찬으로 그려진다.

뚜렷한 도덕적 순수함(때로는 바보스러움에 가까운)을 지닌
이창동의 인물들은 오로지 자기 이익에만 이끌리는 자들과
구별될 뿐 아니라, 오히려 그들에게 세상을 관찰하고 세밀히
들여다보도록 해서 결국 세상을 느끼도록 하는 더 나은
방법을 제공한다. 이것은 〈시〉에서 '시poetry'가 가지는
의미이기도 하다. 왜냐하면 시를 쓰기 위해서는 그 전에 '잘

{11}

---

[*] 《공산당선언》에서 사용된 유명한 표현이다. 부르주아지를 비판하는 관련
대목은 다음과 같다. "그들(부르주아지)은 신앙심에서 우러나오는 경건한
광신, 기사의 열광, 속물적 애상의 성스러운 전율을 이기적 타산이라는
얼음같이 차가운 물속에 익사시켰다." 카를 마르크스, 프리드리히 엥겔스
지음, 이진우 옮김, 《공산당선언》, 책세상, 2018, "1장 부르주아와
프롤레타리아" 중. — 옮긴이

보아야' 하기 때문이다. 미자의 변화 역시 '보는 것'으로부터 일어나게 된다. 즉 그녀의 손자를 보는 시선이나, 마지막으로 남자 구실 한번 하고 싶다고 애원하고 결국 그녀가 그것을 들어주게 되는 늙은 남자를 보는 시선, 그리고 익은 살구에 대해 잡담을 나누었던 죽은 소녀의 엄마를 보던 시선을 통해 변화하게 되는 것이다.

믿음은 〈밀양〉의 기독교인 약사가 단언하는 것처럼 인간에게 보이지 않는 세상에 접근할 수 있도록 해준다. 그러나 이창동 영화가 암시하는 보이지 않는 세상은 단순히 위안을 찾고자 하는 개인들을 위한 신기루 같은 것이 아니다. 그것은 결코 이르지 못할 가상의 세계를 제시하는데, 계층 간 격차와 불신의 비극을 다룬 가장 최근작인 〈버닝〉에도 계속 어른거린다. 그 보이지 않는 세상은 오직 예외적으로 첨예한 현실 인식을 얻기 위해 끈질기게 분투하는 시네아스트cineaste들에 의해서만 포착될 수 있는 것이다.

(차례)

머리말
보이지 않는 것의 진실 • 장 프랑수아 로제 ··

작가론
이창동 영화에 드러난 현대 영화의 테제 • 김영진 ······················

작품론

인터뷰

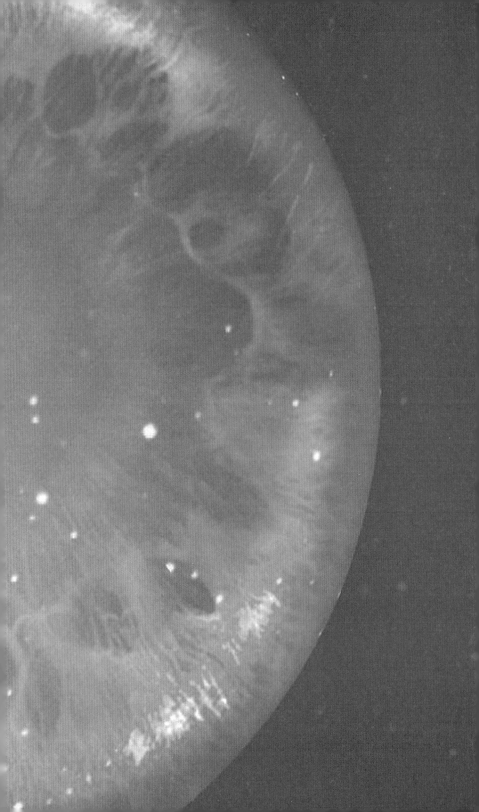

{16}

이창동 영화에 드러난 현대 영화의 테제

; 리얼리티는 재현되는 것이 아니라 겨냥된다

김영진 金泳辰
명지대학교 예술학부 교수. 중앙대학교에서 영화 이론으로 석사와 박사 학위를 받았다.
1992년부터 영화 평론을 시작했으며, 《씨네21》 기자, 《필름2.0》 편집위원, 전주국제영화제
수석 프로그래머로 활동했다. 2021~2022년 영화진흥위원회 위원장을 역임했고, 2020년
단편영화 〈어젯밤 손님〉을 연출했다. 지은 책으로 《순응과 전복》, 《평론가 매혈기》,
《리멤버》(공저), 《아가씨 아카입》(공저) 등이 있다.

(〈자전거 도둑〉은) 날카로운 모서리를 부드럽게 다듬지 않고,
대부분의 영화들이 잃어버린 혼란스러운 정서와 인간사의
우연성을 상실하지 않은 채, 인간의 경험이라는 혼돈에서
솟아오른 것 같은 희귀한 예술 작품들 중 하나다.

— 폴린 카엘Pauline Kael, 미국의 영화 평론가

네오리얼리즘의 대표적 작품에 대해 폴린 카엘이
카랑카랑하게 표현한 "인간의 경험이라는 혼돈에서
솟아오른 것 같은 희귀한 예술 작품"은 현대 영화의 또 다른
정의다. 이창동의 작품 역시 그 현대적 영화 계보의 역사
안에 자리해 인간의 경험이라는 혼돈을 건져낸 장면들이다.
　이창동의 영화들은 겉으로 단정한 척하는 구조로 그의
영화를 본 사람들을 혼란 속에 몰아넣었다. 소설가 출신인

그는 멜로드라마 구조로 얼개를 짠 다음 그 얼개를 비틀고 뒤집으며 그 얼개들의 이음새에 틈을 만들거나 아예 그 얼개의 기반을 허물어버린다. 〈초록물고기〉에서 〈버닝〉에 이르는 필모그래피는 이야기에 인생을 끼워 맞추는 영화의 상업적 제도를 마지못해 받아들였으면서도 처음에는 완곡하게, 나중에는 대담하게 인생에 이야기를 맞추려 함으로써 인간사의 우연성과 혼란스러운 정서를 품은 창작 의지의 산물이다.

관객을 유혹하기 위해 시작과 중간 단계와 결말이 있는 드라마의 법칙을 따르는 영화들은 영화의 플롯에 따라 캐릭터들이 규정되거나 제한된다는 암묵적 합의에 따라 펼쳐진다. 이창동의 영화들은 이에 대한 안티테제antithese다. 그는 일관되게 다음과 같은 태도로 영화를 대했다.

"영화 매체는 하나의 삶을 단순화시키고 인과관계 속에서 설명해버리는 컨벤션에 익숙해 있다. 나는 그 점이 지금 만들어지는 영화들에, 길들여지는 영화 읽기에 매우 위험한 일이라고 생각한다. 사실은 삶에 대해 생각하게 하고 삶의 감추어진 본질을 받아들이게 해야 할 텐데 오히려 그런 것들을 모두 다 털어내고 삶을 단순화시키고 그래프화한다. 그건 삶 자체를 왜곡시키는 것이다. 그것이 영화라는 매체가 지닌 잘못된 컨벤션이 아닌가 생각한다."*

이야기의 규칙으로 담아낼 수 없는 삶을 담는 시도들이
곧 그의 영화들이다.

영화 속에서 목격하지 못한
또 다른 세계의 입구

{19} 〈버닝〉에서 관객들은 일어나야 할 일들이 일어나지
않는다고 투덜거렸는데 그건 그들이 쳐다볼 곳이 어디이고
느껴야 할 감정이 무엇인지를 지시하는 영화들에
익숙해졌고, 기승전결이 있는 이야기들에 조련을 당해왔기
때문이다. 이 영화에서 서사는 빗나간 과녁 같은 것이다.
주인공인 소설가 지망생 이종수는 이야기를 지어내지 못해
고뇌하는데 오랜만에 만난 동창 신해미와 해미의 남자 친구
벤에게서 영향을 받는다. 처음 만난 날 해미는 종수에게
판토마임을 보여주면서 (귤이) "여기에 있다고 생각하지 말고,
여기에 없다는 걸 잊어먹으면 돼."라고 말한다.
  아무것도 모자란 게 없어 보이는 부유한 청년 벤은
자연의 도덕을 집행한다는 명분 아래 비닐하우스를 태우는

* 2002년 〈오아시스〉 개봉 당시 필자와 나눈 대담 중에서.

은밀한 취향을 고백하며 종수에게 자신이 느끼는 삶의
무의미와 권태를 과시한다. 아무 이유 없이 해미가 사라지고,
혹 해미의 실종이 벤과 관련 있는 게 아닌가라는 종수의
의심은 이 영화에 미스터리 스릴러의 공기를 부여하지만
관객의 기대와 달리 그에 관한 미스터리는 끝내 풀리지
않는다.

해미는 왜 사라졌는가, 혹시 벤이 해미를 살해한 건
아닌가, 라는 따위의 의심을 묻어두고 영화는 보이는 것과
보이지 않는 것 사이의 상관성에 대해 관객을 시험에 들게
한다. "여기에 있다고 생각하지 말고, 여기에 없다는 걸
잊어먹으면 돼."라는 해미의 말은 자석처럼 서로 끌어당기는
말이다. 종수가 해미의 집을 방문했을 때 해미는 키우는
고양이가 있다고 말하지만 그들 앞에 고양이는 나타나지
않는다. 종수가 "상상 속의 고양이한테 먹이를 줘야
되는 거"냐고 농담처럼 말했을 때 해미는 정색하면서
"있지도 않은 고양이한테 밥을 주라고 내가 널 여기까지
불렀다고?"라고 말한다.

종수는 끝내 해미의 집에서 보일이(고양이 이름)를 보지
못한다. (그 대신 나중에 벤의 집에서 보일이로 추정되는 고양이를 본다.)
해미는 어렸을 적 종수가 우물에 빠진 자신을 구해줬다고
회상하는데 종수가 고향 마을에 가서 직접 찾아보고 이웃

사람들의 말을 들어봐도 마을에 우물이 실재했다는 물리적 증거는 없다. 종수가 찾아간 해미의 가족들도 해미가 거짓말쟁이이며 우물 따위는 없었다고 부정하지만 종수의 집에 전화를 걸어온 (오래전에 집을 나간) 종수의 어머니는 종수를 만나 다른 사람들과는 달리 분명히 마을에 우물이 있었다고 말해준다.

보는 것과 보이지 않는 것 사이에서 종수가 판단을 해야 할 때 실재하는 증거로서 제시되어야 할 이미지는 늘 불확실한데, 이는 벤이 불태운다는 비닐하우스의 존재도 마찬가지다. 벤이 비닐하우스를 태우는 취미를 고백하고 종수의 마을에서도 새로 불 지르기 취미를 실행할 것이라고 공언한 후부터 종수는 마을을 샅샅이 뒤져 불탄 비닐하우스를 찾아다니지만 어디서도 그 흔적을 발견하지 못한다. 나중에 종수가 벤을 만났을 때 벤은 분명히 비닐하우스를 태웠다고 말한다. 그렇지만 종수는 그 물리적 증거를 볼 수 없다.

수수께끼 해결 구조에서 미결된 부분을 남겨두는 대신 이 영화는 공감을 연습하는 경험을 제공한다. 종수와 해미 두 주인공은 외부로부터 고립되어 유폐돼 있다. 화면은 그들의 고립, 그들의 고립의 유사성을 담는다. 남산이 보이는 해미의 셋방엔 하루에 딱 한 번 햇빛이 비친다. 북한의 대남 방송이

수시로 들리는 종수의 파주 시골집은 아버지도 어머니도
없고 버려진 상태의 몰골을 감추지 않는 어두컴컴한 상태로
방치돼 있다. 그 집에서 종수는 자신이 누군지 밝히지 않는
발신자 불명의 전화를 몇 차례 받는데 세상으로부터 완전히
고립된 종수에게 (해미의 실종, 재회와 관련하여) 어떤 끈이 될
것 같던 이 전화의 발신인은 한 차례 어머니의 전화를 받은
후에도 끝내 밝혀지지 않아 미스터리를 증폭시킨다.

영화는 서사에서 사라진 해미의 존재를 종종 잊은 듯이
전개되지만 해미는 부재하는 현존의 효과로 종수를 통해
자주 상기된다. 해미가 사라지고 없는 해미의 방에서 종수는
해미가 없다는 걸 잊고 자위를 하고, 해미가 있다는 생각을
하며 섹스의 환상에 빠진다. 종수는 해미의 엄마와 언니를
만난 자리에서 그들이 해미를 거짓말쟁이라고 비난하며
해미가 말한 우물도 없었을 것이라고 부정했을 때 그들에게
이렇게 말한다.

"해미가 일곱 살 때요. 몇 시간 동안 우물 밑에서
울고 있었대요. 울면서 위만 쳐다보고 있는 거예요. 누가
나타나기만 기다리면서…… 파랗고 동그란 하늘……
그걸 쳐다보고 있는 거예요. 그때 해미 마음이 어땠을까
상상해봤어요."

어린 시절 우물에 갇혀 있었다는 해미의 회상은 젊고

외롭고 연약한 상태로 세상에 노출돼 있는 종수의 상태로
메아리친다. 그가 해미를 사랑하는지 여부는 알 수 없으나
그는 해미의 상태에 강력하게 감정을 이입한다.

해미의 실종 사건 이후 종수가 사로잡혀 있는 것은
해미의 존재에 대한 강박이며 그를 통해 환기되는 자신의
버려진 상태에 대한 자각이다. 이와 동시에 종수는 벤이 말한
불탄 비닐하우스에도 비슷한 강도로 매달리는데 어스름한
시각에 마을 곳곳을 돌아다니며 비닐하우스들을 탐사한다.
이는 종수가 해미의 행방을 찾기 위해 벤의 일상을 쫓는
일련의 추격 장면과 짝을 이루며 화면에 종수의 감정의 탐사
지도와 같은 효과를 남긴다.

종수가 벤을 추적할 때 관객은 용산 참사 그림이 걸려
있는 화랑 한편의 고급 레스토랑에서 식사를 하는 벤 가족의
모습을 통해 양극화 표식이 공존하는 부조리를 포착하는가
하면, 황량한 교외의 풍경을 벤과 종수의 차가 번갈아
가로지를 때 그들 내면의 공허가 풍경에 이입되기도 한다.

무엇보다 비닐하우스를 탐사하는 종수를 보여주는
카메라는 아무 일도 일어나지 않았고 앞으로도 일어나지
않을 상황에서 불타고 있는 것은 종수의 내면이라는 걸
가리킨다. 권태를 태우려는 벤의 열망은 분노를 태우려는
종수의 열망으로 바뀐다. 방화가 홍수와 같은 자연재해에

불과한 것이며 쓸모없는 것을 폐기하는 자연의 균형 법칙에 수렴한다는, 조물주에 빙의된 벤의 궤변은 실제 비닐하우스를 태우는 행위로 이어지는 것이 아니라 실체를 가늠하기 힘든 종수의 분노(살해 행위)로 전이된다.

이처럼 서사적 기획이 무산되는 곳에 심어지는 강렬한 이미지들은 이창동 영화가 지닌 현대적 면모의 표식이다. 신화와 로망스 구조에 기초한 기승전결 전개의 톱니바퀴 같은 궤도에서 빠져나와 맞물리지 않고 어긋나는 부조리는 여전히 가늠하기 힘든 캐릭터와 현실의 수수께끼를 징후의 상태로 포착한다. 종수가 벤을 죽이는 장면에서 두 사람은 죽고 죽이는 사람들의 의례적인 행동이 아니라 마치 기다렸다는 듯 또는 운명적 결단의 벅찬 순간을 맞이하는 듯 기묘한 몸짓을 보인다. 헤아리기 어려운 이들의 극적인 행동을 담은 결말은 관객에게 이떤 해소의 계기를 주는 것이 아니라 알지 못했던 세계의 또 다른 입구로 데려다 앉히는 기분을 갖게 한다.

깊이 바라볼수록 드러나는
고통과 죄책감

이창동 영화에서 '본다는 것'의 의미는 단일한 것으로
환원되지 않으며 연쇄적, 인과적 확증에 갇히지 않는데
이로써 파생되는 질문은 〈버닝〉 이전의 영화들에서도 형태를
달리해 나타났다. 예를 들어 〈시〉는 다른 사람들에 비해

유별나게 보는 것에 민감하게 반응하는 주인공 미자를 통해
본다는 것의 심연의 정체를 관객에게 충격적으로 던져준다.

    처음부터 영화는 자기가 보는 것에 열심인 미자를
소개한다. 영화의 도입부에 병원에서 진료 순서를 기다리는
미자는 팔레스타인의 참상을 알리는 텔레비전 뉴스를 유심히
본다. 옆자리의 여자와 시선이 마주치자 미자는 미소를
짓지만 여자는 표정 없이 눈을 돌린다. 진료를 마치고 병원을
나온 미자는 어떤 중년의 여인이 딸을 잃고 울부짖는 모습을
황망하게 바라보는데 이때 카메라는 군중의 반응을 채록하는
가운데 미자와 중년 여인 사이에 보이지 않는 끈을 이어
붙인다.

    남들이 대수롭지 않게 지나치는 것들도 호기심을 갖고
유심히 보는 미자의 습관은 그가 문화센터의 시 강좌를
수강하며 더욱 강화된다. 시를 가르치는 강사는 "시를 쓰기

위해서는 잘 봐야 해요. 우리가 살아가는 데 제일 중요한 것은 보는 것이에요."라고 강조한다. 그때부터 미자는 주변 사물을 정관靜觀하기 시작한다. 카메라가 미자의 집 내부를 보여줄 때 팬지꽃이 있는 작은 화분, 설거지통에 있는 그릇들, 냉장고에 붙은 사진과 메모가 되어 있는 포스트잇 등이 인서트되는데 장차 이런 것들은 미자의 눈을 통해 바라보게 될 것이다. 미자는 한 손에 과도를 들고 진지하게

{27}

바라보다가 "사과는 역시 보는 것보다 깎아 먹는 거야."라고 말하면서 먹어버린다. 사과는 정관의 대상이 아니라 먹어버리는 대상이며 미자는 시인이 아니라 현실 세계에 있는 생활인이다.

그러나 미자는 그 후로도 꾸준히 대상을 정관하는 훈련을 한다. 미자가 집 앞 큰 나무의 나뭇잎들이 바람에 흔들리고 있는 모습을 꼼짝 않고 바라보고 있을 때 그 곁을 지나가던 이웃 할머니는 "나무를 왜 봐?"라고 궁금한 듯 묻는다. 시 강좌의 선생은 "시를 쓴다는 것은 아름다움을 찾는 일이에요. 다 가슴속에 시를 품고 있어요. 그걸 풀어줘야 해요. 가슴속에 갇혀 있는 시가 날개를 달고 날아오를 수 있도록."이라고 독려하지만 미자에게 시상은 좀처럼 떠오르지 않는다. 시 선생은 시를 가까운 곳에서 찾으라고 했지만 미자가 자기 삶 가까이에서 찾고 경험하는 것은

시가 아니라 혈육이 저지른 범죄라는, 살을 째는 것 같은
후과였다.

　미자는 시 선생의 말을 따라 주변을 자세히 들여다보고
거기서 아름다움을 찾아내어 느끼려 했으나 그가 본 것은
고통이었다. 아름다움을 보려 했으나 고통을 보아버렸다.
미자가 손자가 다니는 학교의 실습실을 기웃거린 후
운동장에서 시 같지 않은 시를 끄적였을 때와 손자의 범행을
알고 난 후에 같은 공간을 바라보고 난 후 느끼는 시상의
범위는 전혀 다른 것이다. 미자가 초등학생 시절부터
원했다고 스스로 착각하는 시인에의 꿈은 황혼기에 마침내
달성할 기회를 얻었으나 시를 쓰기 위해 미자가 더 깊게 보고
느끼면 느낄수록 그가 얻는 것은 삶의 아름다움이 아니라
고통이다.

　미자가 들른 아마추어 시 동호회의 시 낭송회에서
사람들이 발표하는 자작시는 자기 연민과의 투쟁 또는
넋두리다. "시를 쓴다는 것은 동지섣달 이른 새벽 관절 부은
손으로 하얀 살 씻어 내리시던 어머니를 기억하는 일이다.
시를 쓴다는 것은 깊은 밤 홀로 잠깨어 우는 일이다."
"지난여름 손톱에 핀 봉선화 다 지도록 당신의 등에선 자꾸
쓰르라미가 울고 나도 또한 날개를 부비며 울고 있네."

　그들은 대상에서 자기를 본다. 그들처럼 대상을 자기로

끌어들이는 수준에 머물 게 아니라면 대상을 향해 가야
할 텐데 미자는 좀처럼 그렇게 하지 못한다. 게다가 치매
초기라는 진단을 받으면서 죄책감과 맞물린 그의 자기
연민은 더욱 깊어진다.

미자는 병원에 갔다 돌아오는 버스 안에서도 "시간이
흐르고 꽃도 시들고"라는 문장을 쓴 뒤 자신의 쇠약을 실감한
듯 차창 밖의 풍경을 바라본다. 이런 상황에서 풍경은 그것을
바라보는 인물의 심상을 그대로 반영하기 마련인데 점차 그
풍경은 미자에게 난폭하게 침입한다. 아녜스라는 세례명을
가진 그 소녀가 죽은 강가의 다리에 가서 미자가 서성일 때
마침 불어온 바람은 미자가 쓰고 있던 모자를 날려 보내고
비가 내리자 미자의 공책은 금세 젖는다. 시를 쓰려는데
대상과 풍경이 난폭하게 치고 들어온다.

그날 미자는 자신의 몸을 호시탐탐 노리던 음탕한
강노인에게 그동안 허락하지 않던 섹스를 제공한다. 피부가
여의고 처진 늙은이들의 섹스는 처연한 몸부림이다. 그
참혹한 섹스는 미자에게 섹스라기보다는 어떤 의식을
수행하는 것처럼 보이기도 한다. 의식적으로 치러지는 그
참혹한 섹스는 시라는 예술로 소녀의 죽음을 보상하지
못하는 미자의 대속 의식을 반영하는 것은 아닐까라고
추측하게 하는 동시에 남아 있는 자들이 소녀의 죽음을

망각한다고 해서, 무시한다고 해서 그 죽음의 그림자가
참혹하지 않을 수 없는 것은 아닌가라는 질문을 남긴다.

'보는 것'과 '보여지는 것' 틈새에서
스스로 질문하게 하는 영화

{31}

대상을 보는 자로서, 안온한 권력의 자리에, 아름다움을
음미하고 숭상하는 자리에 있고 싶어 하는 시인의 자리에
미자는 좀처럼 오르지 못하며 잠시라도 그 자리에 취하는
순간 굴러 떨어진다. 미자가 죽은 소녀의 어머니를 만나러
가는 날 그는 예쁘게 차려입고 평화로운 시골의 오솔길을
걸으며 시 비슷한 것을 쓴다. 제법 기교가 있지만 자기
연민의 발로인 자작시에 취한 미자는 소녀의 엄마를
만나서도 방금 쓴 시의 내용을 스스로 풀어 해설하는 듯한
말을 한다. 돌아서는 길에 미자는 소녀의 엄마를 만나러
온 목적을 잊은 채 자신이 엉뚱한 행동을 했다는 것을
깨닫고 충격을 받는다. 바라보고 의미를 부여하는 자로서의
품격은 추락하고 자신의 시가 갖는 위선의 민낯을 알았다는
모멸감은 깊어진다.
　미자는 바라보는 자로서의 자의식을 갖고 있었으나 실은

바라봄을 당하는 자의 위치에 있다는 것을 자각하고 그에
따른 수치를 감당하지 못한다. 이제 본다는 것은 아름다움에
다가서는 것이 아니라 모호한 윤리의 진공 상태에 있는 것을
견디는 상태를 뜻한다. 집 앞 공터에서 동네 아이들에게
훌라후프 돌리는 걸 알려주는 손자의 모습을 내려다보는
미자의 얼굴에서도 이런 윤리적 감각의 모호성은 더욱
증폭된다.

{32}

'보는 것'과 '보여지는 것'은 시를 쓰고 싶었던 노인의
말년의 꿈이라는 서사의 목표를 계속 지연시키고, 도덕과
윤리는 바라보는 자의 우월한 위치에서 획득되는 것이
아니라는 상황을 만들어낸다. 미자는 자기 손자가 연루된
소녀의 죽음에 죄책감과 연민과 공감을 갖고 접근하려 하나
그 공감의 위치는 추락을 감내해야 하는 것임을 깨닫는다.
죽은 소녀의 어머니에게 줄 위로금을 마련하지 못한 채
가해자 학부모 대표를 만나러 간 부동산 사무실에서 미자는
소녀의 엄마의 시선을 멀리서 받아낸다. 사무실 유리창
너머로 말없이 미자를 보고 있는 소녀의 엄마는 미자를
치욕에 빠트린다. 본다는 것에 대해 그리고 보인다는 것에
대해 비로소 미자는 그 엄중함을 깨닫는다.

이 장면에서 알 수 있듯이 카메라는 시를 매개로 한
아름다움과 윤리의 추구 과정을 담은 이 영화의 서사에

개입을 시도한다. 미자가 보는 것은 관객이 보는 것과 종종 겹쳐진다. 보는 자, 우월한 자, 도덕적 평가를 내리는 자의 위치는 불안하게 흔들리며 보이는 자, 평가받는 자의 위치로 전환된다. 영화는 미자뿐만 아니라 관객의 우월적 위치를 시험하며 스스로 질문하게 만든다.

〈시〉의 후반부는 마침내 미자의 시점 뒤편에서 신중하게 미적·윤리적 위치의 변이점을 탐색하던 카메라가 서사의 바깥에서 모든 것을 관장하는 위치로 올라서는 걸 보여준다. 미자와 손자 종욱이 배드민턴을 치는 장면에서 셔틀콕이 나뭇가지에 걸리고 카메라는 부감으로 내려다본다. 이 영화에서 유일하게 심판자의 느낌을 주는 숏인데, 이어서 형사들이 손자를 불러 함께 떠나고 손자 대신 미자의 시 동호회 동료였던 박상태라는 형사가 라켓을 잡으면서 미자와 박상태는 배드민턴을 계속 친다. 미자의 신고로 손자가 경찰에 잡혀가는 이 장면의 비극적 기운은 심판, 단죄, 망각 같은 것들을 일상적 풍경에 겹쳐놓는다. 배드민턴을 치는 캐릭터들은 심판을 청한 자와 심판을 대리하는 자가 암묵적으로 동조해 굳은 침묵으로 죄의식에 젖는 그 순간을 견디고 있다.

더 나아가 다음 시퀀스에서 미자가 쓴 〈아녜스의 노래〉라는 시가 낭송될 때 타인의 고통에 깊이 공감해 쓰인 그 언어들은 시 강좌의 선생, 미자, 그리고 죽은 소녀의 목소리로 차례로 바뀐다. 동시에 미자의 일상 공간들이 배열되고 미자가 부재한 그 풍경들은 오즈 야스지로의 영화에서와 같은 정감과는 다른 맥락으로 전치된다. 누군가의 부재는 일상의 동일한 풍경이 제시될 때 통렬한 느낌을 주지만 여기서는 그 부재자가 단수가 아니라 복수이다.

{34}

미자는 죽은 소녀이고 죽은 소녀는 미자이다. 그들은 한때 같은 공간에서 살았지만 이제 동시에 부재한다. 대담하게도 카메라는 죽은 소녀가 있었고 미자가 있었던 강가 그 다리에 다시 소녀를 데려다 놓는다. 화면을 똑바로 보는 소녀의 얼굴이 클로즈업될 때 시를 쓰겠다는 미자의 개인적 열망은 대상을 관조하는 게 아니라 대상과 동화되겠다는, 그것도 아름다운 대상이 아니라 고통에 피 흘리는 대상과 동화되겠다는 윤리적 결단의 실행으로 옮겨 간다.

〈시〉의 성취는 시인이 되고 싶은 할머니의 열망이라는 서사적 목표를 좌절시키면서 시인이 될 수 없는 현실의 맥락을 조감하는 카메라의 신중하지만 맹렬한 운동감을 추구하는 데 있다. 장르적 관행에 따르면 캐릭터는 고난을 충분히 겪고 그에 따른 보상으로 목적지에 도착하지만,

이창동의 영화에서 그 보상은 주어지지 않는다. 어떤 현실에
직면한 인간이 자기 영혼의 움직임에 민감하게 반응하면서
삶의 꼴을 다시 정의해가는 이런 고도로 윤리적인 운동은
〈시〉뿐만 아니라 〈밀양〉에서도 찾아볼 수 있다.

남편을 잃고 남편의 고향에서 아들과 함께 삶을 새롭게
출발하려던 주인공 신애는 아들을 유괴당해 잃고 종교에
귀의해 가해자를 용서하려 하지만, 그 가해자가 종교에
의탁해 자신의 죄를 이미 용서받았다는 말을 듣고 난 후 신에
맞서 극한투쟁을 벌인다. 감히 신과 맞서기로 한 그녀의
모험은 처음에는 가망성 없는 광기에의 천착으로 보이지만
이윽고 그것은 치열한 혼란을 거쳐 고요한 내적 평정에의
단계로 향하는 어떤 지점에 서게 된다.

이 영화에서 인상적인 것은 그 운동의 과정이 주인공
신애를 통해 직접적인 극단으로, 그녀의 곁에 선 남자
종찬을 통해 간접적인 암시로 짝을 이뤄 전개된다는 것이다.
알 수 없는 삶의 운명 앞에 서서 스스로의 무력함에 이를
악물며 버티고 서 있는 겸허함을 신애가 보여준다면, 신애를
짝사랑하는 종찬은 아무것도 모르는 듯 실실거리면서도 그
고통의 내재화를 무의식적으로 이뤄내는 인간 존재의 고양된
순간을 보여준다. 이런 자기 주체성 형성의 내재적 움직임은
수정과 해체와 재형성의 역동성 면에서 놀라운 떨림을

우리에게 전해준다. 신애와 종찬은 스스로 의식하지 못하는
사이에 어떤 수직적인 규범에 맞추어 자기를 형성하는 것이
아니라 스스로의 삶의 방식을 재정의하지 않을 수 없는
상황에 직면하는, 삶의 가장 아름다운 순간을 맞게 된다.

삶의 한가운데로
계속해서 끌어당기는 이야기

이 글의 도입부에서 언급한 〈자전거 도둑〉에 대한 폴린
카엘의 정의와 결을 같이하면서 앙드레 바쟁은 현대 영화의
출발점인 네오리얼리즘의 대표작인 이 영화가 "이야기
기교와 화면 구성, 배우의 연기, 연출이 소멸하는 경향"을
지향하고 있으며, 다른 말로 바꾸면 "스타일 없는 스타일"의
영화라고 정의했다. 리얼리티는 더 이상 재현되거나
재생되는 것이 아니라 "겨냥하는 것"이라고 바쟁은 말했다.
　"〈자전거 도둑〉은 드라마의 수학적 요소에 의존하지
않는다. 행위는 하나의 본질로 선재先在하지 않고 이야기를
짜기 이전의 상태에서 흘러나온다. 그것은 현실의 총체다.
(…) 배우도 없고 이야기도 없고 연출도 없다."
　네오리얼리즘이 혁명적이었던 까닭은 영화 역사에서

처음으로 리얼리티가 스토리에 종속되지 않는, 가감할 수
없는 실재라는 걸 인정하는 태도를 취했기 때문이다. 이후
현대 영화의 명제는 네오리얼리즘의 가능성을 여러 다양한
형태로 수정, 확장하는 것으로 나타났다.

이창동의 영화 역시 인생을 단정하는 듯이 보이는
영화들의 틈새에서 비슷한 외관으로 다가오는 것 같아도
실은 진위를 정할 수 없는 질문의 조각 하나하나를 제시한다.
삶의 선택의 기로에서 어떻게 할 수 없는 인간들의 딜레마를
묘사하면서 해결책을 제시하지 않는 가운데, 그의 영화는
애매함을 오히려 적극적으로 드러냄으로써 관객인 우리를
초월적인 차원에서 내재적인 차원으로 이끌려 한다.
초기작인 〈초록물고기〉, 〈박하사탕〉, 〈오아시스〉에서 그는
단단한 멜로드라마 구조를 세워놓고 그것을 부분적으로
뒤집거나 안을 감싸는 바깥의 구조를 만드는 등의 방식으로
이미지가 서사에 개입하고 현실을 반영하는 것으로서
기능하는 순간들을 부단히 시도했다.

이창동의 영화들 가운데 가장 장르 관행에 충실했던
데뷔작인 〈초록물고기〉는 갱스터 느와르의 형식 외연에
신도시 일산과 구도심 영등포라는 한국 도시 문명의 역사,
그리고 거기에 순응한 인간들의 스토리를 펼치며 가족
복원을 꿈꾸는 막동의 욕망을 서사의 목표로 삼고 있지만,

그걸 지탱해야 할 화면들은 그의 욕망이 환상에 가까운 것임을 지시한다.

'시련을 겪고 있지만 행복을 찾는 가족'이라는 관습적 구조를 보여주기엔 막동의 가족들은 서로 너무나도 다른 욕망과 입장들로 갈기갈기 찢겨져 있다. 그런 가족의 상징적인 중심축은 어머니일 텐데 영화 속 한 장면에서는 그것조차도 환상에 불과한 것임을 가감 없이 드러낸다. 군대에서 제대한 막동이 집에 돌아와 어머니와 함께 텔레비전을 볼 때 막동은 어머니에게 말을 걸지만 어머니는 그의 이야기를 듣지 못하는 듯 그저 텔레비전을 바라보며 웃고 있을 뿐이다. 이어지는 장면들에서도 어머니와 막동은 대화를 하지 않는다. 막동에게 어머니는 절대적인 존재이지만 어머니와의 소통은 막혀 있다. 그가 가족을 복원하는 것은 불가능하다.

〈박하사탕〉은 인과론적 사슬의 내러티브를 거꾸로 뒤집은 구성이고 〈오아시스〉에선 현실과 환상의 전도된 관계로 멜로드라마의 형식을 바꾸었다. 이창동은 이런 친숙한 멜로드라마 화법을 통해 감정 이입을 유도한 다음 그것에 이입하게 된 과정 자체에 대해 관객에게 거꾸로 질문하는 복합적인 자기 반영성의 회로를 은밀히 영화에 감춰뒀다. 〈박하사탕〉에서 거꾸로 가는 기차의 이미지는 이런 이창동의 전략을 가장 상징적으로 보여주는 예일 것이다. 처음에 관객은 단락이 넘어갈 때마다 장면 전환 구분 장치로 쓰인 이 이미지에서 실은 기차가 거꾸로 가고 있다는 것을 잘 알아차리지 못한다. 그러나 이 이미지들이 되풀이됨에 따라 일차적으로는 시간을 거꾸로 거슬러 올라가는 영화의 서사 구조를 반영하는 전환 장치라는 것에 수긍하면서도 동시에 이야기의 불가역성에 저항하는 영화 매체의 가시적인 장치 효과에 주목하게 되는 것이다.

그런 가운데 이창동은 점점 "이야기 기교와 화면 구성, 배우의 연기, 연출이 소멸하는 경향"을 지향하고 "스타일 없는 스타일"에 도전했다. 그는 자신의 영화적 경향을 이론으로 정의하는 것을 거부했지만 그가 〈오아시스〉를 찍으며 스태프들과 배우들에게 주지시켰던, "이 영화는 후지게 찍는다."라는 원칙은 배우들의 연기와 카메라의 위치와 연결의 방식에 이르기까지 기존 패턴을 전면적으로 거부하려는 그만의 의지의 표현이다.

〈밀양〉을 찍을 때에도 그는 '노멀normal하다'는 말로 영화의 스타일과 주제를 정의하려 했다. 화면과 화면을 어떻게 연결해야만 관객이 자연스럽게 영화라는 환영에 빠져드는지를 규정했던 규칙들을 일부러 거스르는 흔적을 남기지 않으면서도 그는 특이한 종착지에 도달했으며,

그럼으로써 특정한 숏들이 전체 이야기 흐름에 포섭되면서도 고유한 빛을 발하는 순간들을 만들어낸다.

〈오아시스〉에서 클라이맥스 장면의 마지막 두 숏, 아파트 창문을 두고 헤어지는 두 남녀 주인공 종두와 공주의 모습을 담는 화면에서 카메라의 각도는 아무것도 극적인 수식을 가하지 않겠다는 지독한 의지를 담고 있다. 전과자 종두와 장애인 공주의 사랑은 세상으로부터 이해받지 못하는데, 공주를 성폭행했다는 혐의로 경찰 유치장에 수감됐던 종두는 공주와의 약속을 지키기 위해 그곳을 탈출한다. 공주의 방에 음침한 그림자를 드리우는 집 앞 나뭇가지들을 자르기 위해 종두는 나무에 오른다. 종두는 공주에게 그 그림자를 없애는 마술을 보여주겠다고 약속한 터이다. 그를 쫓아온 형사들은 그런 종두의 행동에 황당해하지만 공주만은 종두의 마음을 알고 있다.

감정의 고양을 꾀할 만한 극적 구조의 핵심 상황을 담고 있음에도 카메라의 움직임을 통해 그들의 마음속에 오가는 에너지를 관객에게 옮기거나 그들 시선의 정교한 연결을 통해 그들 마음에 오가는 사랑의 감정을 담겠다는 의도가 이 장면에는 없다. 그들의 사랑에 카메라로 에너지를 실어주지 않는 연출적 선택은 단호하게 거리 두기를 고수하면서 세상 사람들에게는 초라해 보여도 그들 스스로 당당한 그들의 존재를 있는 그대로 비춘다.

　〈밀양〉에서 보란 듯이 신을 모욕하는 행동을 거듭하다가 결국 자해를 시도한 뒤 병원에서 퇴원한 신애가 동네 미용실에서 머리를 자르는 후반부 장면에서도 인상적인 시도를 볼 수 있다. 신애는 미용실에서 자기 머리를 잘라주는 견습 직원이 자기 아들을 살해한 자의 딸이라는 걸 알게 된다. 그 딸은 이전에도 신애에게 말 못 할 죄책감을 갖고 있었고 다시 신애를 보자 복받치는 감정을 어쩌지 못해 울먹인다. 아버지의 죄에 대한 대속의 감정을 지닌 소녀와 그런 그녀를 착잡하게 바라보는 신애의 감정은 그들의 관계에 수미상관의 정교한 각운을 짜놓은 전개에 비추어 상당한 멜로드라마적 묘사를 기대하게 만들지만, 이 장면은 〈오아시스〉와 마찬가지로 캐릭터들의 감정선을 연결하는 것을 회피하게끔 구성했다. 이들의 내면은 감정을 수식하는 것으로 드러나지 않는다. 소설가 출신이라는 선입견과 달리 이창동의 영화에는 (최근작으로 올수록) 문학적인 것, 시적인 것이 없으며 좋은 의미로의 아름다운 것조차 없다. 문학적인 것, 시적인 것처럼 보일지라도 그는 단지 일어나는 일만을 연출한다.

　이창동의 영화들에서 인물들은 배우들이 아니라 그 인물들 자체가 연기한다. 배우들의 연기는 감독이 정해놓지

않은 굴레 속에서 스스로의 경계를 깨고 나아가며 (혹은 그럴 것을 요구받으며) 관객을 자극하려는 전시적 에너지가 아니라 스스로 파괴되는 몸의 고통을 통과한 끝에 얻게 되는 배역으로서 그 인물과 동화되는 단계에 이른다. 이창동의 영화는 "정치적, 윤리적, 심리적, 사회적 척도로 등장인물과 그의 행동을 분석하는 것을 거부한다."라고 로베르토 로셀리니의 영화를 평가한 앙드레 바쟁의 이상과 비슷한 지점을 공유한다. 실제의 현실을 드러내기 위해 그는 비본질적인 것을 벗겨내는데, 이는 이야기 관습, 형식적 꾸밈, 연기의 정형과 같은 것들이다. 이창동의 영화들에서 의미는 고정되지 않지만 어떤 식으로든 현실 속에서 터져 나오도록 하는 길을 지향한다. 그럼으로써 리얼리티는 재현하는 게 아니라 겨냥하는 것이라는 현대 영화의 테제를 따라간다.

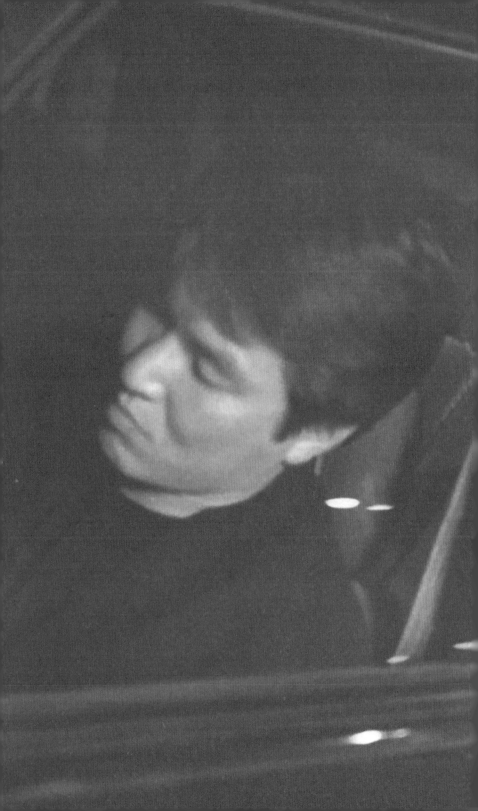

두 세계 사이의
아이러니

박인호 朴仁浩
영화평론가. 부산영화평론가협회 회장을 맡고 있으며 부산독립영화협회 회원으로 활동한다.
《FILO》,《크리틱b》,《인디크리틱》, 한국영상자료원 등에 글을 쓰고 있다.

이창동의 영화 경력은 '코리안 뉴웨이브'*의 감독인 박광수의
영화에 참여하면서 시작됐다. 이창동은 〈그 섬에 가고
싶다〉(1993)의 시나리오와 조감독을 맡았고, 이어 〈아름다운
청년 전태일〉(1995)의 시나리오를 썼다. 도제 시스템의
막바지에 영화계에 입문한 이창동은 '코리안 뉴웨이브'의
다른 감독 이명세의 영화적 유희와 판타지로 채워진
세계와도 다르고, 장선우의 리얼리즘과 모더니즘, 심지어
초현실주의를 자유롭게 오가는 영화와 다른 노선을 걷는다.

* 코리안 뉴웨이브Korean New Wave는 1980년대에서 1990년대 중후반까지
새롭게 등장한 몇몇 한국 영화들과 그 감독들을 지칭하는 용어다. 그들은
기존 세대의 가치관이나 구조와 단절하고, 내용과 형식 모두에서 리얼리즘적
혁신을 지향했다. 형식적 새로움과 세련됨을 지향했으며, 내용적인
측면에서는 기성세대를 비판했다. 코리안 뉴웨이브의 대표 작가로는 배창호,
이명세, 박광수, 장선우, 박종원 등이 있다.

당시 한국 영화계는 크게 네 부류의 흐름이 뒤섞여 있었다. 첫째로 이전 세대부터 영화를 제작해온 감독들의 활동이다. 임권택은 작가적 역량을 드러낸 1980년대의 리얼리즘을 정교하고 폭넓게 다루면서도 형식적 실험을 거듭했다. 그 와중에 장르를 쇄신한 〈장군의 아들〉 시리즈를 통해 상업적 성공을 동시에 이뤘다. 배창호는 〈꿈〉(1990), 〈젊은 남자〉(1994), 〈러브 스토리〉(1996)를 통해 멜로드라마를 해부했다.

둘째로 '코리안 뉴웨이브' 감독들이 자신들의 영화적 인장을 확고히 하거나 영화적 실험에 몰두했다. 장선우는 만드는 영화마다 새로운 시각으로 접근하며 실험을 두려워하지 않았고, 이명세는 새로운 장르적 흥미를 따라갔다. 박광수는 현실과 역사의 문제들을 깊이 파고드는 시선을 더욱 공고히 하고 있었다. 정지영은 한국전쟁과 베트남전쟁을 숙고하며 개인에게 치명적 트라우마를 안긴 상처와 고통을 지켜보며 현실에 대한 자각을 촉구했다.

셋째로 정치·사회·문화적 변화에 힘입어 작가주의와 상업영화라는 이분법적 틀에서 벗어나, 변화된 풍속과 가치관에 기반을 둔 기획 영화들이 새로운 장르를 적극적으로 도입함으로써 1980년대까지 리얼리즘의 강세가 지속되던 양상과 다른 모습을 보였다. 로맨틱 코미디

〈결혼이야기〉(김의석, 1992)와 〈마누라 죽이기〉(강우석, 1994),
멜로드라마 〈그대 안의 블루〉(이현승, 1992), 액션 느와르
〈게임의 법칙〉(장현수, 1994), 〈나에게 오라〉(김영빈, 1996),
사극 판타지 〈은행나무 침대〉(강제규, 1996)가 장르의 관습을
활용해서 한국 사회의 변화상을 담아내거나 새로운 캐릭터를
내세워 상상력을 발휘한 예다.

　　넷째로 개봉 당시 이미 형성된 세 범주에 넣기 까다로운
새로운 감독의 출현이다. 1996년에 개봉된 〈돼지가 우물에
빠진 날〉(홍상수), 〈세 친구〉(임순례), 〈악어〉(김기덕)는 성큼
다가온 모더니즘과 한층 세밀해진 리얼리즘, 극단적
표현주의를 선보였다. 그리고 1997년에 느와르를 뼈대 삼은
〈초록물고기〉를 시작으로 〈비트〉(김성수)와 〈넘버 3〉(송능한),
멜로드라마 〈접속〉(장윤현)과 〈편지〉(이정국), 〈러브 러브〉
(이서군)와 〈모텔 선인장〉(박기용)이 개봉했다. 1990년대는
다양한 연령대의 감독과 개성 넘치는 형식과 새로운 얼굴과
대담한 시도가 공존했다.

이창동 영화에서
'가족'과 '공간'은 무엇인가

〈초록물고기〉를 지금 다시 본다는 것은 〈버닝〉에
이르기까지 여섯 편의 영화를 관통하는 이창동의 작가적
세계를 이미 경험한 후에 이루어지는 행위다. 필모그래피를
거슬러 올라가 이창동의 원형을 증명하는 게 과연 필요한

일일까에 대한 의문이 들지만, 〈초록물고기〉로부터 시작되어
〈버닝〉에 이르기까지 이창동이 놓지 않는 질문에 대해서,
개봉 당시보다 지금 더 중요하게 느껴지는 장면들에 대해서
생각하는 시간은 필요할 것이다. 이창동은 세계와 더 깊은
관계를 맺기 위해, 삶이 숨겨놓은 미스터리를 추적하기 위해,
영화의 시간과 공간에 새겨놓은 세상의 아이러니에 대해,
시대를 관통하며 우리는 어떻게 살아야 할지 숙고하기 위해
영화를 찍는 것 같다.

　　〈초록물고기〉는 느와르에 가족 이야기를 결합시킨다.
비슷한 시기에 개봉한 다수의 느와르 영화들이 조직과
개인의 대결에 중점을 두거나 집단 간의 대립에서 철저하게
이용당하고 희생당하는 남성에 초점을 맞춘 것을 생각하면,
이창동의 가족 공동체는 장르적 관습을 넘어서려는 선택이자
리얼리즘을 근간에 두려는 의지에서 기인한 것이라고 볼

수 있다. 세상에 대한 세밀한 관찰자적 시선으로 그 세계를
탐구하거나 온몸으로 세상과 맞부딪혀가며 삶에 대해
증언하는 임무를 부여받은 인물들은 변동하는 관계의 이면과
살아감의 비밀을 체화해야 한다.

　　이창동이 세상에 혼자 툭 떨어진 남성들의 피와 땀이
범벅된 대결보다 앞자리에 놓는 것은 공동체의 일원으로서
역할을 부여받기 이전에 그를 형성시킨 가족이다. 이는
리얼리즘에 뿌리를 둔 그의 현실인식이 장르의 관습에
포섭되거나 영화적 리얼리티로 축소되는 것을 꺼려함을
뜻하는 것 같다. 그는 한국 사회의 현재에 눈을 고정하고
모순된 측면을 지닌 사회적 현상을 관찰하며 개인과 집단이
현실을 영위하는 방식과 태도에 주목한다.

　　〈박하사탕〉의 영호(설경구) 부부는 서서히 멀어지다
붕괴되어 영호 혼자 고립되고, 〈오아시스〉의 종두(설경구)와
공주(문소리)는 가족에게 되도록 같이 있고 싶지 않은, 짐과
같은 존재다. 〈밀양〉과 〈시〉, 〈버닝〉에서 가족은 인물의
중심을 차지하는 요소이기 때문에 그들의 갈등과 감정이
고조되고 폭발하거나 도덕에 대해 더 첨예한 대립을
가능하게 한다. 사고가 되었건 비밀의 한 조각이 되건 가족
구성원의 부재는 신애(전도연)와 미자(윤정희)와 종수(유아인)가
이전과 다른 방식으로 세상을 경험하고 세상과 격렬하게

투쟁하도록 이끌어간다.

〈초록물고기〉에서 "가족들이 모여 작은 식당이나 하고 싶다."던 막동(한석규)의 꿈은 그의 죽음으로 인해 실현되지만, 그런 사정을 알 리 없는 가족들이 모인 마지막 시퀀스는 슬픔에 잠긴 시간마저 휘발된 것처럼 경제 활동을 위해 구성원 개개인이 자신의 일을 해나가는 일상적 활동과 리듬으로 채워진다. 변해버린 집의 모양, 그럼에도 마치 막동처럼 굳건히 집 입구를 지키고 선 버드나무, 멀리 보이는 일산 신도시 아파트는 삶의 아이러니를 극명하게 드러낸다.

공간에 대한 일관된 관심도 눈여겨봐야 한다. 이창동은 정서적 분위기나 지리적 여건, 변화하는 공간과 더불어 특정 집단에 속한 사람들의 폐쇄적인 사고방식과 (경제적·사회적·도덕적) 우월함, 인간의 이중성을 영화의 배경 요소로 자주 선택해왔다. 인물의 과거와 현재 상황에 따라 당도한 상이한 두 공간은 단지 인물이 살아가고 사건이 일어나고 갈등이 고조되는 장소 이상의 의미를 지닌다.

공간이 이미 캐릭터로 존재하기에 서사와 유기적 관계를 형성함으로써 인물의 정서와 감정이 발현되도록 하며, 당대의 모습 또한 세밀하게 기록된다. 특히 대도시보다 소도시를 더 선호한 이창동은 서울 변두리나 지역에 터전을 둔 인물이 겪는 변화를 중요하게 다룬다. 그들은 고향을

떠나 낯선 동네로 흘러들어와 그곳에서 이전과 다른 삶을
꿈꾸지만 결국 딜레마에 빠지고 나락으로 떨어진다.

〈초록물고기〉의 막동은 제대한 후 고향 일산을 떠나
영등포에 터전을 잡고, 〈오아시스〉의 종두는 출소한 후 집을
찾아가지만 이미 가족들은 그를 버리고 떠났다. 〈밀양〉의
신애는 남편의 고향인 밀양으로 이사하고, 〈버닝〉의 종수는
해미(전종서)의 집이 있는 서울을 방문한다. 물리적 이동뿐
아니라 인물의 마음 상태와 생각도 이리저리 휩쓸려 다니며
상반되는 삶의 방식을 접하게 되고 그로 인해 쓰라린 현실과
마주한다. 〈박하사탕〉의 영호와 〈시〉의 미자는 사라진 것을
되찾기 위해 애쓰다가 감당할 수 없는 폭력과 마주하며
도덕적 파탄에 직면하고, 〈버닝〉의 종수는 풀 수 없는 비밀을
추적하다 진실과 거짓, 사실과 상상이 뒤섞인 미궁에 갇힌다.
이창동의 인물들은 지리적 공간의 변화와 더불어 흔들리고,
눈에 보이지 않는 마음의 풍경 안에서 황폐해지고 죽음에
이른다.

비극적 삶과 부조리한 세상을
드러내는 방식

〈초록물고기〉는 거울과 미애(심혜진)의 붉은 스카프,
재개발이 결정된 영등포 상가 폐건물과 막동의 집, 인물을
따라가는 롱 테이크, 느슨한 원형의 카메라 움직임을 통해
(가족 구성원과 조직원이라는) 정체성 분리에 대한 갈등과 파멸을

집요하게 반복하고 변주한다. 게다가 각 요소들이 끈끈하게
접속되어 있으므로 숏이 분절되어 단독적으로 존재하기보다
카메라의 유연한 움직임으로 인해 숏들이 지탱된다. 반면
신scene은 생략된 서사에 따라 구성되어 세세한 설명을 하지
않기 때문에 관객은 막동의 행위에 수반된 감정을 숙고해야
한다. 즉 동일한 요소가 배치되는 위치와 변형되는 방식을
보면서 평범한 청년 막동이 어떻게 악의 세계에 진입하고
어둠에 포섭된 채 홀로 죽어가는지 지켜보게 된다.
　　특히 거울은 여섯 번 사용되어 막동의 변화를 가장 잘
드러내는 장치다. 거울은 미애에게 치근대는 불량배들에게
맞은 후 기차 화장실에서 피를 닦아낼 때, 제대하고 집에
돌아온 막동이 방 안을 볼 때, 다음 날 외출 준비를 마친
막동이 집에서 거울을 볼 때, 배태곤(문성근)의 조직에서
일하라는 제안을 받을 때, 첫 임무를 치르기 위해 화장실에서

자해하기 전, 김양길(명계남)을 살해하기 전과 후의
화장실에서 등장한다.

가장 평범한 두 번째와 세 번째 거울은 막동이 자기
자신을 바라보는 시선을 통해 앞날이 막막한 스물여섯 살
청년의 불안과 아직 꿈이라 부를 만한 것이 없는 현재를
바라보도록 만든다. 하지만 그가 배태곤의 조직에 몸담게
되면서 거울은 조직원으로서의 막동과 가족으로부터
물려받은 선량한 기질 사이에서 길을 잃은 막동의 두려움과

절망을 비추는 도구가 된다. 배태곤의 자동차 유리창이나
공중전화 박스까지 더해지면서 자신을 비쳐보던 거울은
세상과 인물을 투영하는 유리로 확장되어 타인에게 보여주는
얼굴로 변형된다.

〈초록물고기〉가 관객에게 제안하는 보기와 느끼기의
방식은 세상과 인물과 삶의 관계를 관객 스스로 찾고
사고하도록 만든다. 특히 이질적인 두 세계와 다른 표현
방식이 너무 자연스럽게 맞닿아 있을 때 그렇다. 이를테면
막동(가족)/영등포 조직을 설명하는 공간 롱 테이크, 막동과
배태곤의 투 숏/막동의 얼굴 클로즈업이다.

먼저 이창동은 두 세계를 오가는 막동을 보여주기 위해
일산의 공간을 주의 깊게 살펴본다. 막동이 집에 도착하는
시퀀스를 주목해야 하는데, 막동은 지하철 대곡역에서 양쪽

모두 "일산 신도시, 백석, 대화 방면"이라고 적힌 표지판
중앙에 잠시 서 있다. 이어서 해질녘, 후경에 지하철 역사가
보이는 철길과 신도시의 아파트, 논밭과 비닐하우스, 불빛이
어스름히 비치는 마을, 기차 차단기가 있는 골목으로
이어진다. 군대 간 사이 변해버린 낯선 고향으로의 걸음을
찬찬히 보여준 것은 마지막 시퀀스인 막동의 변해버린 집과
연결되어 그가 부재하는 집과 죽음을 딛고 선 삶이라는

비극을 극대화한다.

　　낮 장면이 대부분인 일산과 달리 네온사인이 번쩍이는
영등포 밤거리를 배경으로 조직이 운영하는 나이트클럽
내부와 재개발이 진행될 상가 폐건물을 보여주는 방식과
막동의 위치도 주목할 만하다. 특히 폐건물은 막동과 배태곤
사이에 동질감과 친밀함이 형성될 때(막동이 먼저 들어간 배태곤을
부르며 건물로 들어선다), 배태곤이 막동에게 살인을 제안할 때(두
사람은 나란히 서서 건물 아래를 바라보다가 막동이 먼저 내려와 배태곤을
올려다본다), 막동이 죽어갈 때(막동이 먼저 와 있다가 배태곤과 함께
건물에 들어가고 칼에 찔린 막동이 배태곤의 차로 비틀거리며 걸어온다) 세
번 등장한다.

　　첫 폐건물은 어린 배태곤을 감옥에 보낸 김밥집이 있던
자리, 둘째 폐건물은 건물 옥상, 마지막은 폐건물 입구인데,
막동은 배태곤을 찾고, 배태곤을 올려다보고, 배태곤을

맞이하러 어둠 속에서 불쑥 튀어나온다. 건물에서 막동이
점유하는 위치는 막동과 배태곤이 얼마나 다른 종류의
사람인지, 막동의 짧은 생과 허망한 죽음과 그의 사후에야
성취될 꿈이 막동의 가족뿐 아니라 배태곤의 새로운
가족이 탄생하는 지점까지 나아가도록 만든다. 즉 막동은
배태곤처럼 부모에게 버림받았어도 구더기처럼 꿈지락거리며
살아남아 건물을 소유하는 사람이 될 수 없다. 비록 흩어져
있더라도 그에겐 다정하고 막동을 좋아하는 뇌성마비 환자
큰형(이호성)과 생활력 강한 셋째 형(정진영), 냉소적이지만
무력한 둘째 형, 막동에게 용돈을 찔러주는 여동생
순옥(오지혜), 그리고 막동이 가장 사랑하는 엄마(손영순)라는
울타리가 있다. 하지만 바로 그 이유 때문에 막동은 거짓과
폭력이 난무한 세계에서 살아남을 수 없다.

영화가 시작한 지 얼마 되지 않아 흐르는 피를 닦아내던
막동은 마지막 숨을 내쉬는 순간까지 대부분 얼굴과 손에
피를 묻히고 있지만, 이창동은 그 모습을 강조하지 않는다.
숨을 거두는 그 순간에서야 막동의 얼굴 클로즈업이
등장하는데, 배태곤의 시점으로 보이는 그의 얼굴은 얇고
투명한 막을 넘어서지 못해 일그러진다. 막동이 흘리는 피는
문자 그대로 조직의 희생양이 된 보잘것없는 남자의 최후와
인간의 죄를 지고 멀리 광야로 보내져 죽음을 맞이했던

히브리 민족의 희생양을 동시에 떠올리게 한다.

이창동이 들려주려는 말의 내용과 보여주려는 행동을
배치하는 원칙을 살펴보자. 막동은 주인공 치곤 과묵하다.
조직의 임무를 맡을 때에 신소리를 하며 시비를 붙지만 그
말은 막동에 대해서 아무것도 알려주지 않는다. 관객은
막동의 말보다 그의 움직임과 큰 변화 없는 표정만으로
막동이 살아가는 부조리한 세계를 경험한다. 첫 폐건물의

카메라는 원형으로 움직이며 을씨년스런 실내와 두
사람을 한 프레임에 담아낸다. 이상한 것은 두 번째 폐건물
옥상인데, 두 사람을 근접해서 보여주던 카메라가 막상
배태곤이 제안할 때는 멀찍이 떨어져 두 사람의 뒷모습을
담는다. 들리지 않는 말소리를 대신하는 것은 막동의 허리를
감싸 안으려 끌어당기는 배태곤의 제스처와 옥상에 널려
있는 쓰레기 더미, 후경에 보이는 건설 중인 아파트다.
배태곤의 신체는 어떤 말보다 강렬하게 각인된다.

붉은 스카프가 변주되는 장면도 막동의 행동으로 인해
더 많은 감정이 생겨난다. 〈초록물고기〉는 바람에 날려 온
미애의 붉은 스카프에서 시작해 미애가 알아본 막동의 사진
속 버드나무에서 끝나는 이야기라고 해도 무방하다. 거울이
막동을 비추는 사물이라면, 얇은 막처럼 막동의 얼굴에
달라붙은 스카프는 막동의 운명을 예고하는 물건이다.

스카프는 막동의 얼굴을 덮고 막동의 피를 씻어내며 집 마당에 널렸다가 결국 불태워져야 할, 막동과 동일한 운명을 지녔다. 막동이 애지중지하던 스카프가 살인 직전 태워지는 숏은 그의 눈을 가린 선글라스의 검은 창 때문에 돌이킬 수 없는 지점을 암시하지만, 더 놀라운 것은 김양길을 살해한 후 막동이 맨손으로 바닥에 흥건한 피를 쓸어 담는 행동이다. 막동에게 스카프가 없기 때문에 그의 손은 피범벅이 되고, 말끔히 씻겨낼 수 없는 타인의 피와 자신의 신체에서 스며 나오는 피를 막을 수 없어 막동은 죽어가는 얼굴을 관객에게 보여줄 수 있게 된다. 이처럼 공간과 인물의 제스처, 사물과 인물의 마음이 넌지시 주고받는 장면들이 다시 발견하게 된 〈초록물고기〉의 힘이라고 생각한다.

이창동이 막동의 비극적인 삶을 통해 이쪽과 저쪽을 오가면서 관찰하는 대상은 재개발의 광풍에서 소외된 일산 원주민인 막동 가족의 해체와 유사 가족적인 배태곤 일파의 세력 교체, 막동의 죽음과 배태곤의 일산 신도시 입성, 일산 신도시의 건축 현장과 폐허가 된 영등포 상가 건물이다. 이창동은 대부분의 숏을 분절하지 않고 공간과 인물들을 한 프레임에 담아냄으로써 관객을 영화의 관찰자로 합류시킨다. 대표적인 예로 전경에 보이는 막동의 집과 가족들, 중경의 기차와 지하철, 자동차가 달리는 길, 후경에 위치한 건설용

크레인과 병풍처럼 둘러쳐진 아파트의 모습이다. 또 나이트클럽으로 들어서는 막동을 따라가는 카메라가 시비 붙는 손님과 저지하는 막동의 모습 너머 무대 위에 서 있는 미애의 모습을 보여주는 식이다.

관객은 막동이 공간을 점유하는 방식과 주변 인물들과의 관계를 세밀한 동선으로 따라가는 카메라 움직임을 통해 당대 한국 사회의 일면을 통과하도록 요청받는다. 이때 막동은 주로 공간과 서사의 외곽에서 중심으로 들어가는 것처럼 보이지만, 끊임없이 막동을 따라 움직이는 카메라로 인해 주변과 중심은 수시로 자리를 바꾼다. 막동이 이곳에서 저곳으로 움직여 다니기 때문에 조직의 중심부에 안착할 수 없고 일산과 영등포 중 한 곳에 정착할 수 없으며 가족에게 돌아가지 못하고 조직으로부터 버림받을 수밖에 없다.

마지막으로 공간을 직조해가는 이창동의 디테일한 접근법이 빛을 발하는 장면을 언급하고 싶다. 중반부까지 느슨한 원형의 움직임을 보이던 영화가 선적인 구도로 바뀐 건 두 번째 폐건물 옥상 신에서부터다. 옥상에서 내려온 막동이 배태곤을 쳐다보는 앙각 숏(아래에서 위를 향해 찍음), 김양길을 찌른 후 시신을 화장실로 끌어당기는 막동의 극부감 숏(위에서 아래를 향해 찍음), 어둠 속에서 막동을 칼로 찌르는 배태곤의 숏, 막동의 죽음을 안 가족들이 각자

슬픔을 표출하는 모습의 롱테이크도 카메라가 직선으로
움직인다. 식당에서 밥을 먹는 막둥 가족의 모습, 밥을 먹고
나가다가 막둥이네 가족사진을 보는 배태곤의 모습, 평상에
앉은 큰형과 배태곤에게 인사하는 식구들의 부감 숏에서 줌
아웃하면 큰형이 걸어가고 엄마가 야채를 다듬고 조카들이
자전거에서 내린다. 차들이 후경으로 지나가고 버드나무
가지가 바람에 흔들릴 때 카메라가 하강하며 틸트 업(카메라가

아래에서 위로 쳐들며 찍음)하면 저 멀리로 가로와 세로 선으로
만들어진 일산 신도시가 보인다.

영화가 끝난 뒤에 시작되는
관객의 시간

가족 서사와 공간에 대한 세심한 묘사는 이창동의
리얼리즘과 긴밀하게 연결된다. 그의 인물이 처한 도덕적
딜레마는 개인과 집단이 지닌 선과 악의 대립처럼 단순화할
수 없는 성질의 것이다. 이창동의 인물 중 어느 누구도
편안하거나 경쾌한 삶을 누리지 못한다. 오히려 그들은
상실에 허덕이고 부재와 씨름하며 자신뿐 아니라 타인의
고통과 마주하며 무너져 내린다. 이창동의 영화에는 쉽게

자신의 생각을 드러내지 않는 인물과 풀리지 않는 문제들이
서사의 표면 아래 은밀히 숨겨져 있다.

　이창동의 영화를 본다는 것은 시간과 공간에 얼룩처럼
남은 미스터리의 흔적을 곱씹어보며 영화가 드러낸 삶에
대해 생각함을 뜻한다. 숙고의 시간은 이창동에게도,
관객에게도 살아감의 의미와 부지불식간에 덮쳐온 고통의
이유와 아이러니로 점철된 세상을 인식하는 방법을

제공한다. 삶의 복합성과 살아감의 모순과 아이러니가
뒤섞인 세상을 재현하는 이창동의 의지는 희비가 교차하는
삶이라는 상투어조차 발 디딜 수 없게 만든다. 그의 인물들이
고통과 슬픔과 상실을 향해 전력으로 달려가기 때문일
것이고, 그들이 손에 붙든 것이 오답일지라도 자신의 전
존재를 걸고 투쟁하기를 두려워하지 않기 때문일 것이다.
그럼에도 불구하고 계속되는 삶이라는 자조적 태도도
이창동의 영화에선 볼 수 없다. 무엇보다 그의 영화에서
아이러니는 인물을 시험에 빠트리는 도덕적 결단이 행해진
이후에도 삶을 영위하도록 그에게 최후의 결심을 요구하는
데서 발생한다.

　이창동의 영화는 인물을 추동하던 삶의 비밀 혹은
비밀스런 삶의 흔적을 쫓는 추적의 끝에 무엇이 놓일지
쉽게 해답을 내주지 않는다. 그렇기에 관객의 시간은

극장을 나서면서 시작될 것이다. 그의 영화에서 안간힘을
다해 붙잡으려는 삶으로부터 되레 이탈하는 자들조차
삶을 사랑하고 세계를 이해하고자 애쓰는 것을 보게 되기
때문이고, 그들이 아이러니한 세계의 다양한 양태와 사회의
구조적 모순에 직면하더라도 세상과의 투쟁을 멈추지 않기
때문이다. 〈초록물고기〉는 개봉으로부터 25년이 흐른 지금,
변함없이, 여리고 길쭉한 버드나무 가지가 바람에 요동치는
모습을 남겨주었다. 나에겐 그것만으로 충분하다.

시간의 역설을 추적한
현대 한국 영화의 랜드마크

장병원 張炳遠

영화평론가. 명지대학교 영화뮤지컬학부 영화학과 객원교수. 중앙대학교 첨단영상대학원
영화예술학과에서 〈홍상수 내러티브의 '비조화 패턴' 연구〉(2012)로 박사학위를 받았다.
영화 전문지 《FILM 2.0》 편집장을 지냈고, 2013년부터 2019년까지 전주국제영화제
프로그래머로 일했다.

이창동의 모든 영화는 한국 사회의 해묵은 관습들이 행복과
안위를 추구하는 개인의 삶, 도덕과 충돌하는 방식에
사로잡혀 있다. 〈박하사탕〉에서 그는 미스터리를 추적하는
심리 드라마의 형식을 차출하여 개인과 집단의 충돌이라는
테마를 재론한다. 〈박하사탕〉은 결백과 고통, 소외에 대한
세계관에 근거하여 개발과 번영, 성장, 선진화라는 국가적
목표 아래 한국 사회가 우리의 시야 바깥으로 밀어내었던,
보이지 않거나 말하지 않은 것들에 초점을 둔 이창동의
시그너처signature를 구현했다. 이 영화의 구조적 기반은
자연의 섭리를 역행하면서 전개되는 역전된 인과율의 서사로
한 남자의 몰락을 일곱 단계의 시간에 걸쳐 묘사하는 것이다.
　　데뷔작 〈초록물고기〉가 압도적인 어둠에 포위되어버린
순결했던 시간을 추억하는 노스텔지어 영화였다면

〈박하사탕〉은 중년의 영호(설경구)에 초점을 맞추어 거꾸로
흐르는 타임라인을 따라 시간의 심연으로 침투하는 알레고리
드라마이다. 의식적으로 조직된 이 영화의 플롯은 국가의
역할을 비판적으로 탐구하는 한편 무의식의 저류에 똬리를
튼 한국인의 집단 기억을 끄집어낸다. 영호의 삶이 비참하게
망가지기까지의 과정을 들여다보는 관객은 일곱 개의 단계가
거듭될 때마다 이 가련한 남자를 지속적으로 재평가해야
한다.

{74}

역逆추정의 서사가 성취한 것

〈박하사탕〉은 한 남자의 인생 유전을 유장한 서사극의
플롯으로 설계하여 국가 폭력과 인간관계의 해체를
묘사한다. 인간의 역사와 향수라는 〈초록물고기〉의 주제를
연장한 〈박하사탕〉의 내러티브는 이야기를 실어 나르는
매개로서 기차라는 원형적 장치를 활용하여 시작과 끝에
기이한 데자뷔로 대구를 형성하도록 한다. 최초의 영화로
공인된 뤼미에르 형제의 〈기차의 도착〉(1895)이 공개되었을
때부터 '기차'는 영화적 시간의 상징이었다. 기차의 이동에
의해 중계되는 〈박하사탕〉의 플롯은 20년을 가로지르는

일곱 개의 챕터를 따라 현대사의 주요 사건을 비선형적인 줄기로 엮는다. 이 20년은 허구적 인물의 삶과 한국인의 정신세계에서 매우 중요한 시간이다. 우리 사회가 군인들이 통치하는 독재국가에서 경찰국가로, 다시 경제적 부국으로 바뀌어온 것처럼, 영호는 군인에서 경찰로, 다시 사업가로 변신하면서 저항할 수 없는 역사적 인과관계에 종속된다.

영호의 이야기는 1999년 봄, 가리봉동 공단 지역 노동자 야학에서 만났던 옛 동료들의 '야유회'(챕터 1)로 시작한다. 완전히 망가진 상태로 불청객 취급을 받는 영호는 흥취 어린 이 회합을 마구 헤쳐놓고 비틀거리다 기찻길 위에 위태롭게 선다. 잠시 후 굉음을 지르며 다가오는 기차를 향해 돌아선 그가 금속 기계에 짓밟히기 직전 카메라는 기차의 시점 숏으로 전환된다. 영호의 회전과 함께 시간도 뒤로 돌아서고 절규하는 영호의 얼굴 위에서 이미지는 얼어붙는다. 영화의 나머지 부분은 영호가 이 절박한 순간에 도달하게 된 경위를 이해하기 위해 시간을 거꾸로 돌린다. 프롤로그의 자멸적 어조를 통해 관객들은 어쩔 수 없는 파괴의 기운에 떠밀려 삶을 던지게 된 이 남자의 내력을 추적하게 될 것임을 직감한다.

챕터 2 '사진기'의 시간 좌표는 영호가 자살하기 사흘 전이다. 즉각적인 플래시백을 통해 우리는 그가

비닐하우스에 살고 있고 커피 한 잔 값조차 감당할 수
없는 처지임을 알게 된다. 외환위기의 여파로 인한 파산과
이혼으로 영호에게는 다른 선택지가 없다. 그는 자신의
삶에 불행을 몰고 온 사람들에게 죄책의 대가를 지우고
스스로 목숨을 끊을 준비가 되어 있다. 자포자기의 결단
끝에서 한 남자의 방문을 받은 영호는 코마에 빠진 첫사랑
순임(문소리)을 병원에서 재회한다. 영호는 자신이 잃어버린
것을 찾기 위해 순임과의 사랑이 피어났던 공간으로
돌아간다.

　　챕터 3 '삶은 아름답다'는 문민정부가 들어서고 경제
활황으로 흥청거리던 1994년을 배경으로 한다. 가구 사업을
하며 '사장' 소리를 듣는 영호는 회사 직원 미스 리(서정)와
외도 중이다. 부인 홍자(김여진) 역시 맞바람을 피우는
중인데, 홍자의 불륜 현장을 급습한 영호는 그녀를 모질고
위선적으로 학대한다.

　　챕터 4 '고백'은 6·29선언을 끌어내기까지 전국적으로
대규모 시위가 한창이던 1987년의 정치적 격변기를
배경으로 한다. 이 시절 영호는 반정부 운동가들을 상대하는
공안 형사였다. 가장 가학적이고 노련한 형사인 영호는
고문실에서 냉담하고 지루한 표정으로 대학생의 머리를
욕조에 담그고 있다. 그의 잔혹함은 악독한 남편이 되어가는

가정생활로 이어지는데, 수배자들을 쫓고 고문하는 와중에 은밀히 순임에 대한 동경을 품고 있다.

챕터 5 '기도'는 1984년 군 복무를 마치고 초임 형사가 된 영호가 순임을 떠나 홍자와 맺어지게 된 내력을 보여준다. 고문 기술자로 입문하게 된 이 시절 영호는 자신을 찾아온 순임을 매몰차게 떠민다. 순임의 앞에서 홍자의 엉덩이를 더듬는 손은 그의 성정이 점차 비틀려가리라는 전망을 암시한다. 청년기의 다정한 사랑을 외면한 영호는 잔혹해지고, 자신의 실수를 깨달았을 때는 너무 늦었다는 걸 알게 된다.

챕터 6 '면회'는 1980년 광주민주화운동에 투입되어 학살에 가담한 군인 영호의 이야기를 기술한다. 실질적으로 그의 인생이 송두리째 뒤바뀌게 되는 전기를 제공하는 이 챕터는 시위대를 진압하기 위해 파견된 영호가 다리에 부상을 입고 고통스러워하다가 무고한 여학생을 살해하게 되는 과정을 묘사한다. 육체적 고통은 평생 그를 괴롭힐 것이며 그가 저지른 살인을 끊임없이 상기시켜 그 기억을 지우지 못하게 한다.

마지막 챕터 7 '소풍'은 1979년, 오프닝과 같은 철교 밑 냇가에서 젊은 노동자들이 소풍을 즐기고 있다. 순임에 대한 사랑이 피어나는 고요하고 아름다운 이 순간에 영호는 20년

후 자신의 목숨을 앗아갈 철로 아래에 눕는다. 얼굴은 하늘을 향해 있고 쏟아지는 햇살을 받아내는 영호의 머리 위로 기차 지나가는 소리가 웅웅거린다. 거울을 투과한 것 같은 햇살이 그의 얼굴 위로 어른거릴 때 뺨 위로 두 줄기 눈물이 흐른다.

〈박하사탕〉은 이야기의 형식이 이야기의 성격을 바꾸는 동력이 될 수 있다는 것을 입증하는 사례이다. 사태의 원인으로부터 결과로 이행해가는 인과의 논리를 뒤집는 이 영화의 내러티브 전개는 독창적 시각으로 역사를 인식하고자 한 관점으로부터 나온 것이다. 결과로부터 원인으로 나아가는 역逆추정의 서사는 플래시백이나 플래시포워드를 통한 시간의 계시를 등한시함으로써 연대기적 시간의 질서와 촘촘히 조직된 인과율에 기대어 성립되는 내러티브에 반기를 든다.

프롤로그의 프리즈 프레임freeze frame(극적 상황을 강조하기 위해 순간적으로 액션을 한 프레임에 정지시킨 채 유지하는 연출 기법)에서 영호의 죽음을 촉발했던 카메라 앵글은 철로 위를 이동하는 기차에서 촬영한 고정 숏으로 이어진다. 카메라는 기차의 마지막 칸에 설치되었고 시간의 역행을 개념화하기 위해 거꾸로 재생되는 영상을 보여준다. 꽃잎은 허공을 향해 올라가고, 자동차는 뒤로 달리며, 아이들의 몸은 뒤로 이끌린다. 되감기는rewind 이미지 형상은 역사의 진보를 냉소하는 시각적 은유이다. 뒤로 가는 기차 이미지는 디제시스diegesis(내레이션과 내러티브의 내용. 스토리의 내부에서 묘사된 허구의 세계. '창조적 허구'라고 번역되기도 한다.)를 단호하게 뒤로 당기지만 시간에 대한 경험에 순응하는 선형적 인과율 대신 결과와 원인의 역전된 사슬로 플롯을 이끈다.

비극적 사건과 관련된 자신의 과거를 잊으려는 영호의 노력은 그 후과後果를 더욱 뚜렷이 확인하도록 만들 뿐이다. 수용미학의 측면에서 이 구조적 틀은 스토리를 구성하는 익숙한 관습을 뒤집음으로써 이야기에 대한 관객의 독해를 새로운 방향으로 이끈다. 예고된 재난(영호의 자살)의 기원을 탐문하면서 관객은 이 파괴의 여정이 어디서 끝날 것인지가 아니라 각각의 상황이 어떻게 영호를 더 깊은 수렁으로 밀어 넣었는지를 숙고하게 된다.

기차는 서사의 진행을 추진하는 동력이자 영화의 형식을 의미하는 메타포이다. 분리된 열차 칸들을 이어 붙인 기차의 형상처럼 듬성듬성 시간을 건너뛰는 일곱 개의 삽화를 경험하면서 관객들은 정보를 축적하고 인물의 행동과 동기를 연결하여 이전 챕터와의 관련성을 추론한다. 각 챕터의 끝에는 일관된 형식(소제목과 시간 배경이 들어간 무지 자막)으로 제시되는 짧은 막간이 있는데, 그것은 기차가 잠시 머무는 정거장처럼 기능한다. 기차를 따라 이창동의 카메라는 도로와 주차장, 혼잡한 상업 거리, 빠르게 성장한 도시의 텅 빈 부지에서 산업화의 잔류물들을 끊임없이 찾는다.

모든 챕터에서 인물, 상황, 사건은 항상 기차로 돌아간다. 기차 이미지는 모든 드라마를 고정하는 내러티브를 제공할 뿐 아니라 영호의 행동 발달에 계기를 제공한다. 이를테면 점점 멀어지는 군용 트럭 뒤에서 영호가 사랑하는 순임을 보는 장면은 영화 내내 보았던 기차를 통한 챕터 전환을 모방하고 있다. 기차는 영호의 치욕과 행동에 원인을 제공하는 비극적 사건 이후에 어김없이 등장한다. 영호의 트라우마를 결정짓는 의도하지 않은 학살(광주에서의 살인)은 버려진 역사驛舍의 철로 한가운데에서 일어나고, 홍자와 불륜남을 흠씬 두들겨 팬 뒤에 미스 리와 카섹스를 할 때 그의 머리 위로 기차가 지나가며, 순임이 돌려준 카메라를 팔아 치운 뒤 평상에 앉아 울음을 터트릴 때 그의 옆으로 열차가 지나가는 식이다.

기차 뒤에서 바라보는 풍경은 자연의 아름다움을 보여줌으로써 죄책감이 없고 행복한 과거를 향한 움직임을 암시하지만 동시에 프롤로그에서 본 선로 위에서의 자살을 상기시킨다. 기차는 또한 영호의 비극적 행보를 따라 모든 사태가 슬픈 결론으로 귀결되리라는 느낌을 강화한다. 영호의 인생은 기차 궤도에 고정되어 정해진 선로 바깥으로 벗어날 가능성이 없기 때문이다.

파괴와 폭력의 역사를 기억하라

현대 한국 영화는 삶의 좌표 곳곳에 죽음이 편재하는 강력한
주제의 이야기를 다루는 경향이 있다. 이 나라가 지나온
역사적 경로와 관련이 있는 죽음은 때로는 범죄 세계의
암투〈초록물고기〉로, 때로는 해결되지 않는 연쇄살인〈살인의
추억〉(봉준호, 2003)으로, 때로는 정치적 사변의 재구성〈그때
그 사람들〉(임상수, 2004)으로 묘사되었다. 거의 모든 영화에서
죽음과 실종을 다루는 이창동은 이 분야의 대가이고, 특별히
〈박하사탕〉은 국가 정체성의 형성 과정에서 한 개인이
직면한 사건들을 통해 고통스러운 역사를 환기하는 이야기의
시학을 개발했다.

역사의 정보판 위에서 죽음을 다루는 여느 영화들과
〈박하사탕〉의 구별점은 추상적인 역사를 기억화하는
과정에서 스토리와의 연결이 매우 구체적이라는 것이다.
예를 들면 '챕터 4'에서 능숙한 고문 기술자가 된 영호가
대학생을 물고문하는 장면은 6·29선언의 도화선이 된
박종철 고문치사 사건을 환기한다. '챕터 6'에서 영호가

쏜 광주의 여학생은 실재했던 광주 학살의 이미지를 자동 연상하게 한다. 이창동은 허구의 사건을 한국사의 드라마틱한 삽화들과 명시적으로 연결하여 무자비한 폭력을 견뎌온 나라에서 기억의 의무를 강조한다.

〈박하사탕〉에서 이창동은 트라우마를 극복하기 위해 자신의 과거를 부정하는 캐릭터의 여정을 보여줌으로써 스토리가 소환하는 사회적 의제들과 고통스러운 집단 역사를 받아들일 것을 권유한다. 기억과 역사와의 관계를 설정하기 위한 모티프인 트라우마는 영호의 복잡한 심리를 구성하는 요소로 발전한다. 역사의 발전이라는 정합 논리에 부정의 자세를 취한 이 영화의 묘사는 저항할 수 없는 폭력의 압박이나 마지못해 건네는 속죄의 표식으로서 자해를 보여준다. 관객들은 망각의 필요성과 기억의 필요성 사이에서 번민하면서 시련에 맞서기 위해 영호가 내면화한 행동들을 들여다보게 된다.

기억과 망각이라는 양면성은 한국의 최근 역사를 특징짓는 수많은 트라우마에 직면한 존재들, 가해자와 피해자, 조력자, 방관자 등등의 다양한 관점을 보여줄 수 있다. 이런 다양한 유형의 인물들 가운데 영호는 그다지 호감이 가는 캐릭터가 아니다. 공포와 낙담, 절망으로부터 도피하기 위한 그의 끔찍한 행동을 받아들이기는 쉽지 않다.

영호의 영혼을 나락으로 몰고 간 죄의 기원은 어디에
있는가? 1980년 광주의 학살 현장에서 얻은 다리 부상으로
인한 절뚝임은 그가 순수나 결백에 합당하지 않은 자신을
발견하게 되는 낙인과 같다. 의도하지 않았던 살인에 대한
죄책감은 삶의 주요한 순간마다 파문을 일으킨다. 무고한
사람을 죽이는 행위가 어떤 것인지 실감한 뒤 영호는
잔인하고 비열한 남자로 변한다. 그는 순임의 믿음을
냉담하게 배신하면서 그녀와 결별하고 자신의 원죄에 합당한
사람, 즉 한국 사회가 부여한 죄업罪業에 값하는 사람이
되기 위해 고의적으로 인생을 파괴한다. 자기혐오와 무한한
후회에 휩싸인 이 남자에게 돌아갈 길은 없고 파멸을 향해
앞으로 나아갈 뿐이다.

이창동의 시간 여행은 압도적인 상실감과 파멸의 감정을
담고 있다. 과거로 거슬러 갈수록 우리는 더욱 정교해지고
뉘앙스를 품은 삽화들을 경유하여 영호의 행위가 의미하는
단서들과 대면하게 된다. 예컨대 마지막 세 개의 챕터는
순임과의 관계에 대한 이상화를 복잡하게 만들고, 우리가
처음 상상했던 것보다 그의 역사가 낭만과는 거리가 멀다는
것을 드러낸다.

순수를 잃고 무자비함, 폭력, 이기심, 위선을 배운
한 남자가 사회와 맺는 관계를 이해하게 되면서부터

〈박하사탕〉의 주요 메타포는 캐릭터에 대한 이해를
압도한다. 환언하면 이것은 피와 살이 있는 인간에 대한
영화가 아니라 역사적 알레고리의 현신現身으로서 캐릭터에
대한 탐구라 할 수 있다. 대다수 인물에 대한 형상화는
모두 한국 사회가 지나온 과정과 관련이 있는 하나의
전형prototype이다.

　　각 시기마다 변화를 추동하면서 영호의 몰락과 동행하는
중요한 상징 장치는 그의 손이다. 손은 기차만큼이나
중요한 상징물이다. 꿈과 희망을 그리던 영호의 손은 그의
삶이 망가지는 순간들마다 다양한 방식으로 오염된다.
요컨대 손의 타락이라는 관점에서 전체 내러티브는 1979년
소풍에서 사진 찍기를 즐기는 청년 영호가 카메라 프레임을
만들어내는 손 → 광주민주화운동 진압군 시절 부상을 당한
다리에서 흘러나온 피로 얼룩진 손 → 순임을 앞에 두고
홍자의 엉덩이를 더듬는 손 → 운동권 학생의 머리채를 움켜
쥔 고문 기술자의 손 → 순임이 돌려준 카메라를 처분하고
돈을 구걸하는 손 → 그리고 생의 마지막 순간 "나 다시
돌아갈래!"라고 절규하며 하늘을 향해 벌린 양손의 순서로
전개된다. 이쯤 되면 〈박하사탕〉은 손의 타락을 좇아가는
'손의 로드무비'라고 해도 틀리지 않다.

시간을 구조로 전환한
스토리텔링의 혁신

〈박하사탕〉의 숨겨진 테마 중 하나는 한국 사회의 저류를
형성해온 폭압적 젠더 이데올로기이다. 이 영화는 정치적,
경제적, 사회적 위기 속에서 남성 캐릭터를 결핍의 표상으로
의미화한다. 이창동은 영호의 삶이 사회 체제에 의해
형성되는 정도를 탐구하면서 그를 희망과 사랑이 없는
사람으로 변모시킨 억압적이고 조작적인 사회가 어떻게
남자다움과 폭력을 강요해왔는가를 탐구한다.

　순임은 영호의 첫사랑이자 진정한 사랑이었기 때문에
영감과 사랑을 나타내지만 다른 사람으로 변한 뒤 영호는
나쁜 남자를 가장하여 순임을 회피한다. 영호는 군사화된
사회 체제에 의해 단련된 성격과 정신으로 홍자의 여성성을
훼손함으로써 순임을 밀어내려 한다. 대상이 달라지기는
했지만 폭력의 사슬은 끊어지지 않는데, 이를테면 불륜
현장을 들킨 홍자에 대한 학대는 권위주의 정부에서 학생
운동가들을 고문한 전력에서 기원한다. 군사 문화와 성폭력,
가부장제, 가정 폭력으로 이어지는 연쇄 사슬 안에서
이창동은 호전적인 남성성의 이미지를 영화 전반에 만연해
있는 폭력과 규율, 위계로 묘사하고, 영호가 이러한 요소들을

활용해 어떻게 남성성의 체제를 내면화하는지 보여준다.

이처럼 이창동이 적용한 새로운 시간성은 국가 폭력에 대한 기억과 망각, 성적 적대감에서 비롯된 트라우마의 궤도를 왕래한다. 모든 것이 암담해 보이는 이야기지만 영화의 끝에 도달했을 때 이 선택이 기억의 책무를 환기하면서 절망을 초극하려는 태도와 연결되어 있다는 것을 알 수 있다. 관객들은 사선死線에 선 남자의 위태로운 제스처에서 출발하여 이야기의 끝에 찬란한 가을날 햇볕을 쬐고 있는 온화하고 손상되지 않은, 무고했던 젊음의 장소에 도달한다. 자연과 사랑에 빠진 수줍은 청년 영호는 풀꽃 한 송이를 꺾어서 사랑하는 순임에게 선물한다. 젊은 동료 노동자들이 부르는 노래가 울려 퍼지는 철교 아래 누운 그는 눈물을 흘린다. 이 울음의 의미는 양가적이다. 세계의 아름다움에 압도되었거나 20년 후 자신을 덮칠 죽음을 미리 예감했거나.

추악한 과거에서 희망찬 미래를 기대하는 것이 불가능함을 주장하면서 카메라는 가장 순수했던 시절의 투박한 얼굴 앞으로 전진한다. 영호의 얼굴을 클로즈업한 마지막 숏은 오프닝에서 영호의 얼굴 앞에서 얼어붙었던 이미지와 호응한다. 처음과 끝의 이 두 얼굴은 어떻게 다른가? 격변하는 감정의 동태를 영호의 얼굴에 응축시키기 위해 두 숏에서 시간은 멈추거나 지속된다. 전자는 프리즈 프레임이고 후자는 유동성의 이미지라는 차이가 있지만 그 둘은 서로 대응하는 얼굴이 아니다. 프리즈 프레임에서 읽어낼 수 있는 것이 비극으로 더 진행하기 전에 시간을 얼어붙게 하려는 애절함이라면 마지막 신의 클로즈업은 찬란했던 시간을 오래 지속하려는 바람을 함축한다.

동일한 장소에서 20년의 시간이 흘렀으며 세상으로부터 버려진 중년에서 순진한 청년으로 이동한 1979년의 영호는 더 이상 허구의 캐릭터가 아니다. 그는 참담한 한국의 현대사가 육화된 피조물이다. 따라서 우리가 잃어버렸거나 옆으로 밀쳐둔 순수의 얼굴로서 마지막 숏은 시공간의 좌표로부터 추상화해낸 감화의 이미지라고 할 수 있다. 그 순간 영호는 부당한 정치적, 사회적 풍토를 견뎌온 모든 오염된 사람들의 표상으로 변모한다.

이창동의 영화들은 빈틈없이 설계된 구조와 내러티브의 예측 불가능성 사이에서 스토리텔링 예술로서 영화의 역할, 세계관과 목표를 위해 어떻게 이야기를 효과적으로 사용할 것인가라는 문제와 씨름해왔다. 〈박하사탕〉은 그의 작가적 개성이 기교와 스타일보다 구조의 효과에 토대하고 있다는 사실을 확증한다. 정치적 알레고리의 관점에서 그 가치를 논할 수도 있겠지만 이 영화의 참된 성취는 당대의 미학

기준을 상회하는 담대한 내러티브 전략을 통해 스토리텔링의
새로운 시대를 열어젖힌 공헌에 있다. 영화적 시간을 구조로
전환한 플롯은 고전적 리얼리즘에 기초한 선형적 이야기
도식 관행을 거절하면서 시간의 논리를 재설정한다. 다음에
올 것에 대한 관객의 기대치를 조절하면서 다른 작품들이
감히 해낼 수 없는 거대한 주제를 다루는 진정한 이야기꾼의
영화인 것이다. 역순 구조 내러티브는 이 분야에서

천의무봉天衣無縫으로 일컬어지는 크리스토퍼 놀란의
〈메멘토〉(2002)보다 2년을 앞섰고 가스파 노에의 〈돌이킬
수 없는〉(2002), 프랑수아 오종의 〈5x2〉(2004) 같은 논쟁적
영화들의 출현을 예고했다. 정교한 스토리텔링 형식은
기하학적으로 구성된 내러티브 실험을 향한 길을 제시하면서
동시대 한국 영화의 뚜렷한 랜드마크가 되었다.

　　〈박하사탕〉은 또한 세상을 새로운 시각으로 바라보도록
하는 예술가의 책무를 훌륭하게 감당해내는 지적인
드라마이다. 이 영화의 힘은 인간의 몰락에 대한 냉철한
드라마와 역사적 알레고리의 이상적 조화에 있다. 군사
독재와 민주화, 경제 성장, IMF 등 현대사의 특정 시기들을
요약해내는 과정에서 이창동의 관점은 그토록 많은 억압과
폭력을 가한 국가가 새로 획득한 경제적 번영에 책임감 있게
대처할 수 있을 만큼 진화했다는 관념에 대해 회의적이다.

무분별한 소비주의와 과거에 대한 반성 없이 억눌린 욕망을
해소하는 것은 치료법이 아니라고 이 영화는 주장한다.

〈박하사탕〉이 남긴 전언은 '과거를 잊는 사람은 미래로
나아갈 수 없다'는 설교가 아니다. 과거는 현재와 연결되어
있고 시간은 앞으로 흐르는 것만이 아니라는 사실을 국가
정체성의 진화가 개인의 삶에 미친 영향을 통해 이 영화는
입증한다. 21세기를 여는 2000년 1월 1일에 〈박하사탕〉이
개봉했다는 사실은 그저 밀레니엄으로의 전환기에 기획한
시의적절한 이벤트쯤으로 치부될 수 없다. 표층과 심층이
변증법적으로 조화된 그 사건은 새로운 세기의 초입에
지나간 세기를 반추하는 영화의 내용과 정확히 합일된다.

(오아시스 · *Oasis* · 2002)

모두가 해결해야 할
너무나도 많은 모순

리처드 페냐 Richard Peña
영화 평론가. 1987년부터 25년간 링컨센터 영화협회 프로그램 디렉터, 뉴욕 영화제
집행위원장을 역임했다. 현재는 컬럼비아 대학교 예술 대학원에서 영화 역사, 이론, 비평을
가르치고 있다.

옮긴이 **김다희**
연세대학교에서 영어영문학을, 오하이오 주립대학에서 언어학을 공부했다. 다수의 TV
다큐멘터리, 다큐멘터리 영화 번역과 감수를 맡았다. 역서로는 닐 디그래스 타이슨 원작
《스타 토크》가 있다.

〈오아시스〉를 보는 것은 지극히 불편한 경험이다. 나는
여태껏 〈오아시스〉보다 더 다양한 방식으로 불쾌감을 주는
영화를 많이는 보지 못했다. 물론 〈쏘우〉 시리즈처럼 선혈이
낭자하고 사체를 훼손하는 장면이 등장하는 등 적어도
내게는 역겹다고 느껴지는 영화도 있다. 하지만 공포영화를
보고 나서 몇 시간이 흐르면 영화에 대해 거의 잊어버리게
되는 반면 〈오아시스〉는 2002년에 영화를 처음 본 이후로
지금껏 내게 계속 머물러 있다.

　이 글을 쓰기 위해 다시 한번 〈오아시스〉를 감상하니
그때 느낀 모든 해묵은, 끔찍한 감정이 다시금 아른거린다.
분명 이 영화가 고전적 의미의 '필름 느와르'는 아니지만,
이만큼이나 인간성에 대한 우울한 비전을 제시하는 영화도
무척 드물지 않을까.

터무니없는 인물들의
절묘한 비범함

이창동의 영화는 다양한 방식으로 주변인들을 조명하며
서로가 대개 무관심한 사회에 대한 이해와 논의를 도모한다.
문예 창작을 발견한 할머니〈시〉, 자살하려는 젊은이〈박하사탕〉,
믿음으로 인해 고통받는 여인〈밀양〉에서 볼 수 있듯이

〈오아시스〉 또한 흡사한 경향에서 비롯한 사례이나, 이만큼
'주변성'에 대한 이창동 감독의 세밀한 묘사에 초점이 집중된
작품은 없다.

이에 더해, 〈오아시스〉에는 감독이 창조한 인물들이
힘겹게 살아내야 하는 혹독한 이 세계의 초상이 있다. 영화
첫 장면에서 종두(설경구)가 버스에서 내린 후 인파로 가득한
도시의 거리로 나온 순간 그곳은 그냥, 종두가 있을 곳이 못
된다. 계절은 분명히 한겨울인데 요란한 여름 셔츠 차림인
종두는 외계인 같기만 하다. 〈오아시스〉가 보여주는 세계는
냉혹하고 무심하다. 심지어 공주(문소리)의 아파트에 걸려
있는 동방의 오아시스 그림 속 오아시스마저 전통적인
안식처의 상징이기보다는 불길한 전조에 싸여 있다.

〈오아시스〉의 중심에는 감옥에서 갓 출소한 청년 남성
종두와 뇌성마비 여성 공주의 관계가 있다. 그들은 오랫동안

가족에게 거부당했다. 종두가 너무 지긋지긋했던 가족은
그가 감옥에서 형을 사는 동안 이사를 갔고 어디로 갔는지도
말해주지 않는다. 차츰 종두와 가족이 소통할 수 있는 유일한
창구는 형사 사법 체계로 수렴하는 듯하다. 투옥과 처벌은
종두의 가족에게 가족 내에 설 자리가 없다고 단정한 가족
구성원을 대하는 어떤 방식을 제시한다. 종두의 형수인 종일
처는 가족과 다시 만난 지 얼마 되지도 않은 종두에게 이런

말을 던진다. "삼촌 안 계실 때는 살 것 같았어요."

그에 반해 공주의 상태에 관한 이력은 전혀 드러나지
않는다. 공주의 오빠인 상식과 상식 처는 공주를 이웃에게
맡기고 오랫동안 방치한 듯 그려지는데, 영화에 등장하는
이웃들은 고작 공주가 아직 살아 있는지 확인하는 정도의
'보살핌'만을 베풀 뿐이다. 공주가 어떻게 먹고사는지,
어떻게 필요한 것들을 해결하는지 또한 명확히 드러나지
않는다. 더 끔찍한 것은 공주가 정부로부터 받을 수 있는
지원, 자금 등을 모두 오빠가 관리하는 것 같다는 점이다.
어느 날 오후 공주의 오빠는 공주를 아파트에 데려다 놓는데,
그가 가족들과 살고 있는 잘난 아파트가 장애인 전용 주거
공간이기 때문이다. (한편 공주가 실제로 머무는 집은 영화의 마지막에
가서야 더 이상 돼지우리 같지 않고 왠지 좀 더 환하고 넓어 보인다.)

영화를 관통하는 억압적 가족 분위기와 사회적 잔혹함

그 너머에는 공주와 종두의 육체적 관계라는 문제가 있다. 이창동의 작품이 이루어낸 대단한 성과 중 하나는 영화에 등장하는 가장 터무니없는 인물조차 비범한 절묘함과 미묘함마저 지니게 된다는 점이다. 종두와 공주의 점차 복잡해지는 관계에 대한 반응은 역겨움에서 분노로, 동정에서 슬픔으로 옮겨 간다.

종두가 과일 바구니를 들고 공주의 아파트를 방문하기로 결정한 순간 관객은 종두와 공주가 함께 있는 모습을 처음으로 마주한다. 애초에 종두가 상식의 집을 찾게 된 이유는 자신이 감옥에 가게 된 계기가 상식의 아버지를 죽게 한 뺑소니 사고와 관련이 있기 때문이다. (영화 후반부에서는 실제로 범죄를 저지른 사람은 종두의 형인 종일이며, 종두가 형 대신 감옥에 갔다는 것이 드러난다.) 과일 바구니를 든 종두는 우리 관객과 매한가지로 종두가 왜 거기 갔는지 어리둥절해하는 한 가족과 마주한다.

그 다음에 등장하는 대목은 이미 엄청나게 어려운 이 영화에서도 가장 난해한 부분이다. 종두는 공주에게 꽃다발을 갖다 주면서 말이라도 섞어보려고 이런저런 시도를 한 후 공주를 강간하려 한다. 종두의 표정과 행동을 읽어내기가 너무나 까다롭기에 이 장면은 더욱 끔찍하게 다가온다. 종두는 처음부터 공주를 강간하려고 계획했던

것일까? 종두의 유치함은 과연 그가 자신의 행위로 인한
결과를 충분히 이해하고 있는가에 대한 의문마저 품게 한다.

판타지로 구축한
그들만의 세계

나 개인적으로는 타인을 강간하는 인물에 대해 공포감 말고
다른 느낌은 전혀 들지 않는다. 하지만 바로 이 지점에서
이창동은 자신에게 분명한 도전 과제를 제시한다. 이미
사회와 사법 체계, 그리고 심지어 자신의 가족에게까지
무자비하게 짓밟힌 모습만을 보이던 종두는 이제 사실상의
가해자이자 그가 억누를 수 있는 훨씬 더 취약한 누군가를
발견한 괴물이 되어 등장한다.

　놀랍게도 이야기는 계속 진행되고 종두와 공주의
관계는 깊어져 간다. 종두는 놀러 오라는 공주의 전화를
받는다. 공주는 종두에게 강간에 대해서가 아니라 꽃에
대해 물어본다. 종두는 왜 공주에게 꽃을 사 주었을까? 차츰
종두는 공주에게 잘 보이려고 하고, 공주를 위해 이런저런
일도 해주며, 심지어 공주를 아파트에서 데리고 나와서 도시
이곳저곳을 신명나게 돌아다니기도 한다. 이런 장면들은

전반적으로 압박감을 주는 분위기를 지닌 영화에서 몇 안 되는 '가벼운' 장면에 속하지만 이 모든 장면들마저 앞선 강간 시도 장면을 통해 여전히, 또 지속적으로 여과된다. 종두의 의도는 진정 고귀하며 아낌없이 베풀고자 하는 것일까, 아니면 공주를 조종하고 잠재적으로 학대하는 또 다른 방식일까?

공주의 아파트에서 빠져나와 둘만의 유람을 즐기던 어느 날, 종두는 공주를 데리고 자신의 가족 모임이 열리는 식당에 나타난다. 이번에도 완벽한 모호성이 이 장면에 모종의 힘을 부여한다. 이런 가족 모임에 종두가 공주를 데리고 간 까닭에 의문을 품지 않을 수 없기에. 단순히 자기가 좋아하는 사람을 형제들에게 소개하려는 이유였을까. 그들을 난처하게 하려고, 주변에서 식사하던 손님들 눈에 조롱의 대상이 되게 하려는 의도였을까.

이창동은 공주를 식탁 앞, 제 몫의 자리에 일단 앉힌 후 애써 밥을 먹으려는 공주의 모습을 보여준다. 신체적 이유로 밥을 제대로 먹지 못하는 공주를 종두의 가족들은 뚫어져라 바라볼 뿐이다. 밥상에 앉은 공주는 파괴적 존재감 그 이상의 의미를 지니는 것 아닐까. 가족에게 있어서는 '외부인'의 살아 있는 상징이라는 의미를, 또 남들과 쉽게 어울리지 못하는 종두의 무능함에 대한 시각적 표상이라는 의미를 품으며.

관객이 어떤 영문에서든 강간범을 계속 지켜보고 심지어 동정하게까지 만드는 영화의 도전을 넘어서서, 형식적 측면에서 이창동 감독이 택한 가장 터무니없는 도박은 공주가 갑자기 뇌성마비에서 해방되어 말하고 웃고 심지어 춤을 추는 장면들, 우리가 소위 '판타지 시퀀스'라 부를 법한 장면들을 영화에 넣기로 결정한 것 아닐까.

감독은 관객에게 이런 장면들에 대해 준비할 시간을 전혀 주지 않는다. 처음 공주가 뇌성마비에서 해방되던 장면에서 그들은 지하철에 있고, 종두 옆에 서 있는, 관객인 내가 지금 보고 있는 여자가 과연 진짜 공주인지 확인하기까지는 시간이 좀 걸린다. 잠시 전에 공주는 맞은편에 앉아 있는 젊은 남녀가 장난치는 모습을 보게 된다. 한 젊은 여자가 페트병으로 남자 친구의 머리를 가볍게 때리는 모습을. 공주는 그 행동을 따라 하며 잠시 동안 아마도 '정상적'이라 여겨질 만한 커플의 흉내를 낸다. 잠시 동안은 실제로 무슨 일이 일어나는지 명확하지도 않고 굳이 설명을 하지도 않는다.

이창동 감독은 이와 같은 형식적 장면을 러닝타임 중 두 번 더 반복하는데, 종두가 전날 밤 꾸었다던 꿈이 인도 무용수, 아기 코끼리와 함께 충격적으로 현실이 된 듯한 시퀀스에서 가장 정교하게 나타난다. 이와 같은 판타지

시퀀스들은 영화의 긴장을 잠시나마 완화하는 한편
종두와 공주 커플이 점점 더 자신만의 세계를 구축해가고
있음을 동시에 내비친다. 그들이 살아갈 수 있는, 그들의
삶을 지배하는 적대적 세력으로부터 멀리 떨어져 잘 살
수 있는 세계를. 그와 동시에 이 판타지 시퀀스들이 지닌
갑작스러움과 충격 효과는 이 장면들이 환상에 지나지
않음을 강조한다.

찰나의 행복조차
누리지 못한 연인

〈오아시스〉에서 이창동 감독은 무척 많은 도전을 감행했고,
이렇게나 많은 어려운 캐릭터와 복잡한 서사적 상황을
만들기 위한 시도를 했으며, 이 모든 과제를 훌륭하게
수행해냈다. 바로 이 때문에 관객은 어떤 의미로는
만족스럽다고 여겨질 만한 결말을 제시하는 데 어려움을
겪는 감독의 고민에 공감하게 된다. 모두가 해결해야 할
너무나도 많은 모순이 존재하기에.
　성적인 열정, 사랑, 가족 간의 긴장, 사법 체계가 서로
충돌하며 모든 주제와 사고가 압도적 피날레를 통해

충격적으로 결합한다. 종두와 공주에게 습격을 당한
끔찍한 가족 만찬 이후 두 사람은 결국 공주의 집으로 다시
돌아간다. 단 둘이 살게 되는 집으로. 공주는 종두에게
섹스를 하자고 하는 것 같다. (한국어를 하지 않는 사람에게
공주가 하는 말이 얼마나 알아들을 만한지 파악하기가 쉽지 않았다는 점을
유의해주기 바란다.) 결국 종두와 공주는 사랑을 나누는데,
이때의 정사 장면과 앞선 강간 시도 장면은 흥미로운 비교
대상이 된다. 일어나고 있는 일에 대한 우리의 해석이 우리가
맥락이라고 생각하는 대상에 의해 완전히 조작되는, 소위
'쿨레쇼프 효과Kuleshov Effect'[*]에서와 흡사한 반응이 일어나는
것이다.

　　바로 이 지점, 두 주변인이 마침내 그들의 사랑, 서로를
필요로 하는 마음을 기념하는 지점은 영화에서 감정적
정점에 해당한다. 하지만 이창동이 만든 세계는 이 찰나의
행복조차 계속되도록 허락하지 않는다. 공주의 오빠 상식과
그의 아내가 예고 없이 공주의 아파트에 들이닥치고 (그들은
케이크를 가지고 온다. 공주의 생일이었던 걸까?) 이내 종두와 공주가

[*] 구소련의 영화감독이자 영화 이론가인 레프 쿨레쇼프Lev Vladimirovich
Kuleshov가 연구한 몽타주 기법의 효과. 동일하거나 유사한 표정을 지닌
배우의 얼굴 사이에 어떤 장면이 들어가느냐에 따라, 즉 연속되는 장면의
맥락에 따라 관객이 배우의 표정을 해석하는 내용이 달라진다.

서로를 부둥켜안고 몸을 섞고 있음을 목격한다. 처음에는
고성을 지르고 충격에 휩싸인 표정을 짓지만 상식 부부는
좀 이상한 행동을 한다. 바로 이웃을 부르는 것이다. 왜 그런
순간에, 그렇게나 아끼는 가족이 당한 사건 앞에서 그들이 왜
갑자기 외부인의 존재가 필요하다고 느꼈는지는 분명하지
않다. 결국 법정 소송을 위한 증인을 원했던 것일까? 아니면
공주가 하고 있던 행위를 반사회적 범죄로 인식했던 것일까?

아무튼 종두는 현장에서 경찰에 연행되고, 공주 또한
모두가 강간이라고 여기는 사건의 피해자 자격으로 경찰서에
출두한다. 이로 말미암아 이창동 감독은 영화를 구성한 모든
맥락을 한자리에 모을 수 있게 된다. 영화의 대부분에서 공포
속에 떨어져 살던 두 가족은 이제 서로를 마주하고 심지어
더 나락으로 떨어질 위기를 맞는다. 사건이 일어난 후 불과
몇 시간이 지났을 뿐인데 공주의 오빠는 벌써부터 종두의
가족으로부터 '합의금'을 받는 것에 대해 이야기하고 싶어
한다. 경찰은 성급하게 그들의 행복관을 설파하고 확실한
사회악을 체포한 것에 뿌듯해하는 듯 보인다.

종두와 공주 커플에 대해 말하자면, 그들은 입을 다문
채 자신들의 감정을 표출하지 못하고 있다. 특히 종두가
일방적으로 가해자 취급을 받는 까닭은 장애인인 공주에게
성욕이 있을 것이라고 그 누구도 상상하지 못하기 때문인데,

이는 장애를 가진 이들에게 끈덕지게 따라붙는 문제이다.

오아시스로 향하는 길은
존재하는가

설경구와 문소리, 이 두 주연 배우의 탁월한 연기에 대한
언급 없이 〈오아시스〉에 대해 글을 쓰기란, 또 영화
〈오아시스〉에 대해 생각하기란 불가능하다. 문소리는
단순한 연민의 대상이 아닌, 감정과 욕구를 표현하고자
몸부림치는 뇌성마비 여성이라는 복잡한 인물을 설득력
있게 구현해냈다. 문소리의 연기는 베니스 영화제 본상(신인
배우상) 수상 등 연기에 걸맞은 정당한 찬사를 받았다. 그러나
이에 필적하는 설경구의 연기 또한 그냥 넘어가서는 안
된다. 설경구가 연기한 종두는 관객에게 끊임없이 자신의
감정을 재검토할 것을 요구하는데, 투명하지 않은 표정 연기
때문에 종두의 동기를 이해하기가 끝없는 도전과 다름없기
때문이다.

　　실제로 '오아시스'로 향하는 길은 존재하지 않는다.
결국 변한 것도 딱히 없다. 가족들은 아마도 각자의 삶으로
돌아가 '합의금'을 놓고 서로 고소를 벌일지도 모른다.

마지막 장면에서 다시 감옥에 간 종두의 보이스 오버Voice-over는 "축구도 하고 탁구도 하고 혼자 맨손 체조도 하면서" 시간을 보내는 방법을 배우는 중이라고 말한다. 또 앞에서도 이야기했듯, 비록 여전히 혼자이지만 이제 공주의 집은 예전에 우리가 그녀를 처음 보았을 때 본 풍경보다 한층 괜찮아 보인다. 종두와 공주의 관계는 그야말로 하나의 '오아시스', 즉 혹독한 주변 환경으로부터의 쉼터이자 안식처였다. 하지만 우리가 영화 〈오아시스〉에서 볼 수 있듯, 어두운 그림자는 도처에 드리운 채 벽에 걸린 오아시스 그림마저 침범하고 있다. 진정 세상의 공포로부터 안전한 공간이란, 피난처란 결코 존재하지 않음을 상기시키며.

{114}

비밀스런 빛 속에서
벌이는 숨바꼭질

퀸틴 Quintín
아르헨티나의 영화 평론가. 본명은 에두아르도 안틴Eduardo Antín. 1991년 영화 평론지 《엘
아만테El Amante/Cine》를 동료 평론가들과 함께 창간했다. 부에노스아이레스 독립영화제
집행위원장을 역임했고, 현재 《엘 아만테》의 공동 편집자로 일하면서 여러 매체에 영화 관련
글을 기고하고 있다.

옮긴이 **양한결**
멕시코에서 유년기를 보낸 뒤 미국에서 공부했다. 할리우드 파라마운트 스튜디오 인턴십을
거쳐 콘텐츠 배급을 진행했다. 현재 프리랜서로 국제 영화제를 포함한 여러 문화 예술
분야에서 통번역을 하고 있다.

어린 아들 준과 함께 밀양으로 향하는 젊은 여성 이신애(전도연). 밀양 시내로 진입하기 전, 신애의 고장난 차를 봐주러 온 정비사 김종찬(송강호)은 차를 수리하지 못한 채 견인차에 그들을 태워 마을로 데려간다. 〈밀양〉의 장면 하나하나는 상징, 징조 또는 일련의 반복되는 상황의 일부가 될 수 있다. 고장난 자동차와 신애를 도와주고자 하나 어려움을 겪는 종찬 또한 앞으로 닥칠 불화와 불행의 전조다. 종찬이 도착하기 전, 엄마가 밖에서 도움을 기다리는 동안 준은 눈을 감은 채 미동도 없이 자리에 앉아 있다. 자는 척하는 아이의 습관과 아이에게 나쁜 일이 일어날 것만 같은 엄마와 관객의 불안함에서 이중적 예측이 가능하다.

　〈밀양〉에는 느슨한 숏이 단 한 컷도 없다. 모호하거나 불확실할지언정 모든 숏이 서로 연결되어 있다. 영화의 첫

장면에서도 차 앞 유리를 통해 보이는 하늘의 빛은 영화
제목을 가리키는데, 이는 다시 도시의 이름과도 연결된다.
주민들은 관심 없어 보이지만 주인공 신애가 종찬에게
설명하듯이 '밀양密陽'이라는 이름은 한자로 '비밀스러운
햇볕'이라는 뜻이다.

어디에나 있는 빛

이창동 감독의 네 번째 장편 영화 〈밀양〉은 처음으로 여성을
주인공으로 한 영화이자, 그 전후로 그가 촬영한 총 여섯
편의 영화 중 유일하게 소외된 사람들이나 재벌이 나오지
않는 중산층의 이야기다. 이창동은 한국 사회의 엑스레이에
관심이 많은 영화감독이다. 그의 영화에서는 괄목할 만한
경제 성장을 이루었지만 균일한 성장에는 실패한 한국
사회에서 소외된 최하층 계급이 주로 그 엑스레이 사진
역할을 맡는다. 반면에 〈밀양〉에서 묘사되는 설정은 이창동
감독이 다른 영화들에서 보여준 상황들을 보완하는 실험실
역할을 한다.
　　인구 10만 명이 거주하고, 살아가는 사람들의 사회적,
경제적 수준도 엇비슷하며 보수적인 경향이 있는 도시.

종찬이 외지인 신애에게 설명하듯 밀양은 딱히 특별한 것이 없는 마을이다.

견인차에서 첫 여정을 함께한 후 종찬은 신애의 연인(물론 신애는 그를 온전히 받아들이지 않지만)이자 친구이자 보호자가 된다. 종찬(우둔하고 큰 야망 없는 호감형 총각)의 삶과 의도는 투명하지만 신애의 본모습은 미지수다. 새로운 이웃들보다 조금 더 높은 사회 계층에 속해 있는 여성이자 사람들 앞에서 도시인의 우월감을 숨긴 채 신중하게 행동하는 신애는 귀향하고 싶어 했던 죽은 남편(그녀의 남편은 교통사고로 사망했다)의 뜻을 이루기 위해 밀양에 정착하기로 했다고 말한다. 피아노 학원 운영과 부동산 투자 의도 역시 그 결정에 일조하지만, 이런 결정 자체가 다소 이상하다. 서울에서 밀양으로 이주하는 사람은 거의 없고 (더군다나 신애가 말하는 이유로는) 오히려 밀양에서 서울로 이주하는 경향이 있기 때문이다.

밀양에서는 아이들에게 피아노를 가르치려는 부모가 많지 않고 신애가 진지하게 음악에 전념하고 있는지도 불분명하다. 미용실의 한 장면에서 그녀의 행동을 이상하게 생각하는 이웃들을 엿볼 수 있다. 머리를 자르러 온 신애가 거울 앞에 앉아서 그들의 말을 듣고 있다는 사실을 모른 채 양장점 주인은 신애가 가게에 들어와서 매상을 올리려면 밝은 느낌으로 인테리어를 바꾸라고 했다며 친구들에게

얘기한다. 이는 빛의 광채와 그 비밀에 대한 또 다른
언급이며, 길 건너 약국의 약사가 그녀에게 전도하려는 것과
같다. 약사는 신애에게 눈에 보이는 것만 믿고 하나님의
존재를 알고 싶지 않아 해도 하나님의 빛은 어디에나 있다고
말한다.

시간이 흐르면서 신애는 미용실에서 자신을 힐난하던
여자들과 친해지고, 그들은 신애가 이상하다고 생각하면서도
그녀를 받아들이고 그녀가 저축했다는 돈을 부러워한다.

서울에서 온 말쑥한 차림의 남동생은 신애와 함께 잠재적
투자처를 방문하는데, 이는 사람들로 하여금 새로 이사
온 그녀가 부유할 뿐만 아니라 그녀의 과거가 생각보다
복잡하다는 의구심을 증폭시킨다.

그녀의 동생은 서울에서 도망치듯 밀양으로 온 그녀를
힐난하고, 살아 있을 때 바람을 피우는 등 누나를 고통스럽게
한 매형의 소원을 그녀가 굳이 들어주려는 이유를 이해하지
못한다. 서울로 돌아가는 기차역 앞에서 그는 종찬에게
그가 '누나의 취향'이 아니라며 헛된 기대를 하지 말라고
암시하는데, 이는 그 집안의 얕은 자존심으로 인한 쓸데없는
잔혹 행위다.

인간의 죄

영화가 일상 속의 희극적 상황을 보여주는 분위기로
정착했다 싶을 때, 친구들과 저녁을 함께하고 돌아온 신애가
아들 준이 유괴됐다는 사실을 알게 되면서 영화는 극적인
반전을 맞이하게 된다.

이전 장면에서 그녀와 아들이 숨바꼭질을 했다면
이번에는 마치 놀이처럼 보이는 이것이 비극의 시작을
알린다. 절망에 빠진 신애는 종찬에게 도움을 청하려 하다가
혼자 작업실에서 노래방 기계를 틀어놓고 우스꽝스럽게
노래를 부르는 종찬을 보고 돌아선다. 다음 날 그녀는
은행에서 전 재산을 출금해 납치범에게 넘기지만 아들은
나타나지 않고 납치범은 그녀가 땅을 사려 했던 돈마저
달라고 요구한다. 그제야 그녀는 돈이 있는 척 땅을 보러
다녔을 뿐, 남편의 보험금으로는 빚을 청산하고 밀양에
정착하기 위해 다 썼다고 고백한다. 한순간에 신애는
거짓말쟁이, 어쩌면 사기꾼으로 폭로된다. 얼마 뒤 경찰은
저수지에서 살해된 준의 시신을 찾는다. 장례식장에서 만난
신애의 시어머니는 신애에게 서방도 새끼도 잡아먹었다고
비난한다.

이는 이창동 감독의 영화들에서 거듭되는 요소 중

하나다. 그는 〈로코와 그의 형제들〉(루키노 비스콘티, 1960)[*]의
방식으로 〈초록물고기〉에서 막동(한석규)의 희생을 다루고,
〈로미오와 줄리엣〉(프랑코 제피렐리, 1968)의 방식으로
〈오아시스〉에서 장애인 공주(문소리)와의 사랑을 받아들이지
않는 한국 가족의 폭정을 다룬다.

이창동의 영화들을 보면 준의 납치 그리고 죽음과
명백하게 연관되는 요소가 반복적으로 나타나는데, 이는
(〈버닝〉에서 절정에 이르게 되는) 범죄의 무근거성과 범인의 대치
가능성이다. 〈밀양〉에서 범인은 준에게 웅변을 가르치고
아이들을 차로 귀가시켜주는 동네 학원 원장 박도섭으로
밝혀진다. 준에게 친절하고 다정하기까지 했던 그는
납치범과 거리가 가장 멀어 보인다. 그러나 그 남자에게는
불량배와 어울리고 '곤경에 처한' 딸이 있다. 애초에 범인이
밝혀진 것도 그의 딸이 신애의 집을 염탐하는 것을 들켰기
때문이다. 마치 신애가 큰돈을 가지고 있다고 생각한
납치범이 보낸 것처럼 말이다.

이런 정황으로 인해 관객은 박도섭의 범죄가 딸을 위해
벌인 일이라고 의심하게 되는데, 이는 〈오아시스〉에서

---

* *Rocco And His Brothers*. 이탈리아의 거장 루키노 비스콘티의 초기 대표작.
도시 공간 속에서 벌어지는 가족 해체 드라마로 네오리얼리즘의 정점이라
평가 받는다. 국내 개봉 당시 제목은 〈젊은이의 세계〉이다. — 옮긴이

종두(설경구)와 그의 형 종일(안내상) 간에 있었던
사건*에서처럼 죄에 대한 잘못된 추정이다. 이런 플롯이
열어두고 있는 대안은 영화가 끝날 때까지 부유한다. 비록
등장인물의 양심과 다를지언정 범죄에 있어서 유죄와 무죄는
상황에 따라 달라지는 것임을 다시 한번 지적하고 싶다는
듯이.

{123}

관객과의 숨바꼭질

그렇게 신애는 지독한 죄책감을 짊어진다. 줄곧 연약함이
도드라지거나 가려져 있는 인물을 등장시키는 이창동 감독의
영화에서 가족에게 버림받고 아들도 죽고 돈도 없으면서
자신이 누군지 또 무엇을 원하는지 모르는 신애는 가장
연약한 인물로 등극한다. 홀로 길을 잃은 신애는 한국 사회의
광대한 부문에서 가족 역할을 대신하는 종교의 품으로 눈을
돌린다. 신애는 약사를 통해 교회에 가고 굳건한 신자가
되며 밀양과 같은 작은 마을에서도 수천 명의 신자가 있는

---

* 종두는 뺑소니 교통사고를 낸 종일이 가족의 생계를 책임지고 있다는
  이유로 형을 대신해 교도소에 수감된다. ─ 옮긴이

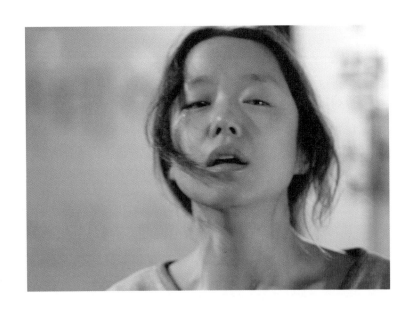

복음주의 교회에 출석하게 된다.

　이렇게 영화는 전환점을 맞이하여 약사 집에서의
모임부터 대형 교회에서의 예배, 그리고 목회자들이 완벽한
옷차림을 하고 신성하면서도 위선적인 아우라를 풍기는
대규모 야외 집회에 이르기까지 신애가 참석하는 다양한
예배의 순간들을 묘사한다.

　하지만 예배의 엄격함과 화려함에도 불구하고 이창동
감독은 종교를 노골적인 희화화의 대상으로 삼지 않는다.

신애가 교회와 멀어지는 계기는 목회자나 신자들에 대한
실망이 아니라 자유 의지를 둘러싼 이단의 형태를 띠는
신학적 딜레마의 결과다. 행복과 믿음에 푹 빠진 신애는
교도소에 있는 박도섭을 찾아가 그를 용서하고 하나님의
말씀을 전하기로 결심한다. 그런데 유괴범은 그녀에게 자신
또한 교도소에서 하나님을 만나 용서를 받았다고 말한다.
이에 신애는 "이미 용서를 얻었는데 제가 어떻게 용서를
해요? 내가 그 인간을 용서하기도 전에 어떻게 하나님이
먼저 용서할 수 있어요?"라며 분개한다.

　이렇게 〈밀양〉은 또다시 경로를 틀고 톤을 바꾼다.
하나님과 교회에 분노한 신애는 죄악에 자기 자신을
내던지기로 결심하지만 어떻게 해야 할지 잘 알지 못한다.
그녀는 교회에 침입해 의자를 두들기며 침묵과 평화를

파괴하고, 훔친 '거짓말이야' CD를 틀어 예배를 방해하며,
약사를 유혹하고, 종찬에게 무례하게 섹스하자고 제안하기도
하며, 본인의 구원을 위해 기도하고 있는 집에 돌을 던진다.
그리고 결국 절망과 광기의 절정에서 그녀는 자살을
시도한다.

화면이 어두워지고 나면 우리는 대체 우리가 무얼 보고
있는지 자문하게 된다. 이 영화는 과연 비극인가, 희극인가,
사실주의 드라마인가, 제도 비판물인가, 임상 사례인가.
준과 신애처럼 〈밀양〉은 그만의 방식으로 숨바꼭질을 한다.
반전이 있을 때마다 관객이 다른 방향으로 시야를 돌려도
영화는 자기 위치를 절대 밝히지 않는다.

영화는 대조를 통해 두 주요 인물을 구조적으로
뒷받침한다. 절망 속에서 혼란스러워하는 인물인 신애는
쾌활하고 소박한 종찬과 대조된다. 한 장면에서 종찬은
신애와의 데이트를 앞두고 긴장한 모습을 보인다. 이에
친구는 종찬에게 멜로 쪽보다 코미디 쪽에 가깝다고 하지만
종찬은 그런 시각이 너무 좁다는 듯 "코믹 멜로"도 있는
거라 답한다. 〈밀양〉과 주인공의 모호함을 고려한다면
'희비극tragicomedy'이라고도 할 수 있을 것이다.

창백한 빛의 광선

어둠이 화면에서 거두어지면 신애가 병원을 나오는 모습이 보인다. 길어진 머리카락으로부터 그녀가 오랜 입원 끝에 퇴원하는 것을 알 수 있다. 종찬은 그녀를 기다리고 있고 그녀에게 밥을 먹으러 가자고 권한다. 그녀는 머뭇거리다가 받아들이고 영화의 톤은 다시금 바뀐다. 마치 저주가 풀린 것처럼 자동차 고장으로 시작된 고독과 고난이 사그라드는 것 같지만 난관이 없는 것은 아니다.

종찬은 머리를 자르고 싶어 하는 신애를 미용실에 데려가는데 그녀는 거기서 소년원에 있는 동안 미용 기술을 배웠다는 박도섭의 딸을 만난다. 그곳에서 도망친 신애는 자기 말을 따라 인테리어를 바꾸고 성공한 양장점 주인을 마주친다. 그녀는 신애가 미용실에서 머리를 자르다가 뛰쳐나왔다는 얘기를 듣고 핀잔을 준다. 양장점 주인은 방금 모욕적이고 사실일 수도 있는 말이 실수로 나왔다는 것을 곧바로 깨닫지만, 두 사람은 일제히 이 상황에 웃음을 터트리고 이와 함께 쾌활함이 분위기를 장악한다.

결국 신애는 거울을 들어주는 종찬의 도움을 받아 버려진 집 마당에서 자신의 머리를 자른다. 행복 언저리에 가까운 그 조화로운 순간에 카메라는 녹슨 수도관과 플라스틱 쓰레기가 뒹구는 마당의 작은 공간을 클로즈업해서 담아낸다.

화면으로 보기에 초라하기 그지없는 그 구석에서 우리는 창백한 빛의 광선을 짐작하거나 언뜻 볼 수 있다. 이는 약사가 말하던 햇볕 한 조각보다 훨씬 더 겸허하고 실질적인 비밀스러운 햇볕의 또 다른 버전인데, 이는 내가 지금까지 영화에서 본 가장 기이한 마지막 장면 중 하나다.

{132}

그러니,
보라 한다

; 세잔과 한트케의 생트빅투아르를 경유해
〈시〉의 세 번의 결심을 보다

정지혜 鄭智惠
영화평론가. 고려대학교에서 사회학과 정치외교학을 전공하고 동 대학원에서 정치사상사로
석사학위를 받았다. 서울독립영화제와 서울국제여성영화제 프로그래머로 일했고,
부산국제영화제와 전주국제영화제에서 한국단편경쟁 예심을 진행했다.《영화는 무엇이 될
것인가?》(공저),《아가씨 아카입》(공저 및 책임 기획) 등에 참여했다.

〈베를린 천사의 시〉(빔 벤더스, 1987)의 시나리오 작가로도
잘 알려진 페터 한트케는 1978년 초, 한 전시회에서 폴
세잔의 그림 '생트빅투아르 산Mont Sainte Victoire'을 보고
크게 감동했음을 공공연히 밝힌 바 있다. 세잔의 마지막
10여 년간의 작업에 해당하는 생트빅투아르 산 그림 연작에
이끌린 한트케는 세잔의 눈으로 본 생트빅투아르 산을
자신의 눈으로 직접 보기 위해 생트빅투아르로 향한다. 이때
'자신의 눈으로 직접 본다'는 건 그림 그 자체로 만족하지
못해 실물을 제 눈으로 기필코 확인하겠다는 의미라기보다는
생트빅투아르가 세잔의 그림 속으로 들어오게 되는 과정을
되짚어 따르겠다는 예술적 시도에 가까울 것이다. 세잔이
산을 보며 그림으로 옮겼을 작업을 한트케는 그림을 보고
산으로 옮겨가며 세잔의 그림 속 그 산을 다시 보려 한다.

세잔의 눈이 되길 자처해 생트빅투아르를 보는 방편을
찾으려는 것이다. 그 여정이 곧 글이 돼《세잔의 산,
생트빅투아르의 가르침》(아트북스, 2020)이 되었다. 여기에는
한트케가 이해한 세잔의 세계와 세잔의 그림을 닮으려는
한트케의 눈, 다시 말해 세잔의 그림을 따르려는 한트케의
글쓰기가 있다.

　　관건은 '본다'는 데 있겠다. 세잔과 한트케에게 '본다'는
것은 작업의 내용이 아닌 형식, 이 세계의 구조와 사물의
형체를 최대한 그 자체 그대로 이해하려는 시도에 가깝다.
그들에게 있어 '본다'는 건 삶을 향한 태도의 문제이기도
하다. 그 태도를 견지하며 세잔은 후기로 갈수록 점점 더
산, 사과, 바위, 인간의 얼굴과 같은 사물과 정물에, 존재 그
자체를 어떻게 '현실화'할 것인가에 몰두한다.

　　좀처럼 자신의 예술에 관해 글로 남기지 않았던 세잔이
에밀 졸라에게 쓴 편지에는 이런 문장이 있다. "모티프를
향해 떠난다." 보기 위해 떠나는 길이었다. 그곳에서 본 것을
마주하는 일이기도 했다. '보는 것'과 '보이는 것' 사이에
뭔가가 발생하고 있다는 말이기도 할 것이다. 그리고 '보는
것'과 '보이는 것'이 일치하지 않는다는 데 우리의 난제가
있겠다.

　　세잔과 한트케는 이 간극과 균열을 이해하고 탐색하고

사색한다. 생트빅투아르가 세잔에게, 세잔이 한트케에게
가르쳐준 것은 바로 거기에 있다.

비극의 형상을
가까스로 보기 위한 시도

이창동의 〈시〉는 '시'라는 세계를 경유해 영화라는 매개로
우리에게 '본다'라는 저 오래된 난제를 아프게 제기해온다.
이때의 '본다'는 행위는 세잔과 한트케가 생트빅투아르를
보며 했던 생각, 즉 "역사의 희로애락 속에서 소멸해가지만
불평하는 대신 평온하게 존재의 자리를 넘겨주는 일"(앞의 책,
22쪽)과 근본적으로 유사할 것이다. 하지만 〈시〉의 문제는
좀 더 복잡하고 까다로워 보인다. 한트케가 앞선 문장에
이어 덧붙인 "삶에 감정을 부여하는 것들은, 자리를 넘겨줄
때 문제가 된다."(앞의 책, 22쪽)에 해당하는 일이 벌어졌기
때문이리라. 〈시〉에서 그 부분이라고 한다면, 두말할 필요도
없이, 죽음이라는 사건의 발생이다. 더 정확히 말하자면,
죽음은 영화보다 먼저 도착해 있다. 영화는 죽음 이후에나
뭔가를 시작할 수 있다는 사실을 뼈아프게 받아들인다.
영화가 써 내려갈 시 역시 마찬가지다. 돌이킬 수 없는,

압도적인 생의 파열이라 할 수밖에 없는 죽음. 그 이후에나 가능한 일이 여기 있다.

영화의 시작과 함께 우리는 본다. 아니, 볼 수밖에 없다. 강물에 둥둥 떠내려오는 소녀를. 물속에 제 얼굴을 푹 파묻고 뒤통수로 제 죽음의 증거가 돼버린 소녀를. 영화는 이 죽음과 무관해 보이는 동네 꼬마 아이들의 평화롭고 즐거운 놀이의 시간 속으로 죽음의 형체를 기어코 보여주며 시작한다.

강물에 떠내려온 시신이 우리 눈앞까지 도착했을 때, 영화는 '시'라는 제 이름 하나를 그 옆에 가만히 세운다. '시'가 마치 묘비명처럼 보이는 강력한 이미지의 출현은 〈시〉의 첫 번째 결심이다. 영화의 단호함 앞에서 우리의 보는 행위는 한없이 무력해진다. 인력으로는 절대로 멈춰 세울 수 없는 강물의 흐름 앞에서 속수무책으로 떠내려와 다가온 비극의 형상을 한동안 바라볼 수밖에 없다. 영화와 우리는 이 순간만큼은 한 덩어리로 무력하다.

〈시〉에서 죽음이라는 사건은 여러모로 문제적이다. 소녀는 또래 소년들의 집단 성폭력에 자살했다. 가해 소년들 모두 자신들이 한 짓을 인정했다는 말만 들릴 뿐 그들 중 누구 하나 제대로 된 사과를 하거나 책임을 지고 있지 않다. 피해자의 얼굴은 처음부터 지워졌고, 가해자의 얼굴들은 사실상 종적을 감췄거나 너무도 태평하고 무덤덤한 일상의 얼굴을 하고 있다. 피해자와 가해자가 명확히 나뉜 범죄, 더는 이 세상에 없는 피해자, 이 세상을 살아가야 하는 가해자들. 그리고 피해자와 가해자를 대리한다는 어른들(그들 대부분이 '아버지들'이다)까지. 개인의 도덕과 공동체의 윤리와 정치적, 사회적, 법적 판단과 처벌의 문제가 얽히고설켜 있지만, 어느 것도 선명하고 명확하게 제 윤곽을 드러내지 않는다. 삶의 미스터리는 두루뭉술하게 제 본심을 숨긴 채 태연하고 뻔뻔하게 흘러갈 뿐이다. 이 난제 속에서 〈시〉는 가까스로 '보기'를 시도하려 한다.

'보는 것'과 '보이는 것' 사이의
균열과 자리바꿈

이때 '본다'는 것은 앞서 말한 '보는 것'과 '보이는 것' 사이의 균열과 틈, 간극의 문제이며 나아가 그 둘 사이 전환에 관한 것이기도 하다. 〈시〉에서 뭔가를 보려고 애쓰는 이는 미자(윤정희)뿐이다. 미자는 가해자 중 한 명인 종욱(이다윗)의 외할머니로 이혼한 딸 대신 종욱을 돌본다. 그런 미자는 무엇을 보는가. 보기의 첫 순간이라면, 미자가 병원에서 진료를 받고 나오는 길에 우연히 피해 학생인 희진의 엄마를

봤을 때라고 해야겠다. 아직 사건의 전말을 모르는 미자는
넋이 나간 채로 어쩔 줄 몰라 하며 병원 앞을 서성이는
희진의 엄마를 본다. 그 순간, 미자를 따르던 카메라는
현장을 크게 돌며 미자와 희진의 엄마를 하나의 프레임에
담아낸다. 앞으로 전개될 삶의 미스터리의 초입에서 두
사람이 처음으로 스쳐간다. 이때 미자의 보는 행위는 아직
맥락을 갖추지 못한 하나의 조각이겠으나 희진의 엄마를
유심히 보던 미자의 마음에는 이미 파문이 일었다.

　　'저 여인은 어째서 저토록 슬피 우는가.'

　　보는 일은 얼마든지 가능하겠으나, 보이는 저 형상과
대상을 정말로 보기까지는 얼마나 많은 나날들이 필요할
것인가.

　　그리고 우연처럼 그러나 기적처럼 미자 앞에 시가 왔다.
영화는 '보기' 위해 '쓰기'로 마음먹었다. 영화의 두 번째
결심이다. 죽음이라는 사건을 잘 들여다보기 위해 시를
불러오기로 한다. 시 창작 수업에서 강사인 시인이 말하지
않았던가. 정말 알고 싶어서, 관심을 두고 이해하고 싶어서,
대화하고 싶어서 보는 것이야말로 진짜로 보는 일이며 바로
그때서야 시가 우리에게 올 것이라고. 이제부터는 그야말로
진짜로 보는 일과의 사투다.

　　희진의 위령 미사가 있는 성당에서 미자는 사진의 형태로

희진의 실존과 처음으로 마주한다. 이어 희진의 친구들로
보이는 중학생 소녀들과 눈이 마주친 미자는 그 시선을
감당하지 못하고 그 자리를 빠져나가다 희진의 사진을
제 가방에 넣는다. 성폭력이 벌어진 학교 과학실을 찾은
미자는 창 너머에서 현장을 한참이나 들여다본다. 미자의
뒤통수에 이어 카메라는 창 안쪽에서 한 번 더 유리창에
코를 파묻고 안을 들여다보는 미자의 얼굴을 보여준다.
사건 현장을 되밟는 이 위태롭고 연약한 얼굴을, 뭔가를
찾아보고 이해하려는 애타는 얼굴을, 순진하면서도 위험하기
짝이 없는 얼굴을, 좀처럼 하나의 단어로 정의할 수 없는 이
얼굴을 보여주는 게 필요하다고 판단한 것이다. 얼굴 없는
소녀의 죽음의 뒷모습을 본 뒤다. 사진으로나마 희진의
얼굴을 본 뒤이기도 하다.

　　미자의 뒤통수에 이은 그녀의 얼굴은 이상하게도 소녀의
얼굴의 자리에 미자의 얼굴을 두거나 그 반대로의 치환을
예비하는 것처럼 보인다. 그리고 마침내 미자가 강이
내려다보이는 다리 위에 올랐을 때, 미자의 모자가 바람에
날려 강 아래로 떨어져 흘러갈 때, 낙하와 흘러가는 강의
운동성을 부감으로 비추는 카메라의 시선 때문일까. 그곳이
소녀의 죽음이 벌어진 곳일지도 모른다는 강한 확신을
불러오는 건 물론이거니와 앞서 예감한 소녀와 미자의

얼굴의 치환이 불가피해 보이기까지 한다. 피해자의 자리와
미자의 자리가 대구로 읽히는 것이다.

세계의 뒤와 안을
동시에 보는 자

여기에 예기치 못한 문제가 하나 더 있다. 알츠하이머 초기
증상을 보이는 미자의 상태다. 미자는 왜 기억을 잃는가?
가해 학생들의 아버지들은 미자에게 피해 학생의 엄마를
만나보고 오라 한다. 그러나 미자는 희진의 엄마를 만나러
가는 길에 자신의 할 일은 까마득히 잊고 아름다운 풍경을
보며 애틋해하고 희진의 엄마를 보며 축원을 빌기까지
한다. 미자가 다시 정신을 차렸을 땐 되돌릴 수 없는 말들을
쏟아낸 뒤다. 미자의 이와 같은 상태를 두고 극의 비극적
감정의 밀도를 한층 끌어올려 관객의 마음을 흔들기 위한
영화의 선택이라고 말하는 건 너무 쉬운 설명이다. 그보다는
'보는 것'과 '보이는 것' 사이의 균열과 불일치를 보려는 게
〈시〉라면, 이 둘 사이의 간극은 '망각'의 문제 앞에서 더
통렬하게 그 격차를 벌리기 때문이 아니겠는가.
　　〈시〉는 망각에 저항하기 위해서 시를 가져와 시를 쓰려

하고 더 오랫동안 뭔가를 보려 하는 게 아니다. 〈시〉에서는 망각이 일어나는 그 순간조차도 '보려는 자'가 있음을, 그때조차도 가까스로 시도하는 '보기'의 활동이 있음을 환기해온다. 이어 미자의 기억이 돌아왔을 때, 미자는 '보는 것' 너머 '보이는' 세상을 망각하기 이전보다 훨씬 더 극명하게 보고 느끼게 될 것이다. '보는 것'과 '보이는 것' 중 어느 쪽이 더 진실한가? 무엇이 진짜인가? 라고 묻는다면, 적어도 미자에게는 두 세계 모두 그것대로 진실하고 진짜라고 답할 수밖에 없다. 〈시〉에서 두 세계의 틈새를 보려는 자, 두 세계를 오가며 보는 자 역시 미자뿐이다.

{143}

　　"다른 화가들은 그림을 그리지만, 세잔은 그림 뒤에 있는 그림을, 하나의 사물 안에 있는 다른 사물을, 하나의 사람 속에 있는 다른 사람을, 혹은 사물 속에 있는 인간을 그린다."(앞의 책, 138쪽) 세잔에 관한 한트케의 말처럼, 미자는 사건의 뒤와 안을 본다. 반면, 미자가 가져온 희진의 사진을 잠시 마주하던 종욱에게 '본다'는 건 어떠한가. 소녀의 사진에 잠시 시선을 두는가 싶더니 이내 제 밥으로, TV로 시선을 옮긴다. 이 순간, 보는 행위는 무능을 넘어서서 무자비하기까지 하다.

시를 쓰고자 하는 마음을
보라 한다

보기 위한 미자의 시간과 함께 영화의 시간도 흘렀다. 오래 보기 위해, 진짜로 보기 위해 미자와 영화의 눈이 보낸 시간일 것이다. 그런데 어쩐지 미자는 계속 겉도는 것만 같다. 보기의 시간이 거듭되더라도 그것은 변함이 없어 보인다. 소녀의 죽음을 둘러싸고 미자는 가해자의 아버지들처럼 팔이 안으로 굽는 것 같지도 않지만, 그렇다고 그들이 모의하는 바를 거부하는 것 같지도 않다. 어떻게든 그들의 요청에 응하고 합의에 따르려 한다. 반성의 기미라고는 전혀 찾아볼 수 없는 종욱을 흔들어 깨우며 "왜 그랬어!"라고 따져 묻다가도 손자의 입에 밥이 들어갈 때가 가장 행복하다는 걸 굳이 확인시켜준다. 소녀의 죽음의 흔적에 괴로워하면서도 종욱을 완전히 내팽개칠 수도 없다. 왜일까. 미자에게는 아름다움을 찾아가는 시가 있기 때문일까. 그렇게 보자니 지나치게 감상적으로 들리지만 적어도 〈시〉에서는 시가 그런 힘을 발휘하는 것 같다. 제 자식을 살리겠다는 부모들의 이기심과 속세의 이합집산이 결탁하려 들 때마다 미자는 시상을 찾아 그들과 떨어져 밖으로 밖으로 나간다. 시가 미자를 끌고 나가는 듯,

가까스로 미자를 그들로부터 떨어트리려는 듯하다. 미자보다 먼저 시가 저들의 행태를 참을 수 없다는 듯이. 시의 자력磁力으로 미자는 밖을 맴돈다.

"시를 쓴 사람은 양미자 씨밖에 없네요." 시 쓰기 수업의 마지막 날, 미자는 사라지고 미자가 쓴 시만 남았다. 시인이 읽기 시작한 미자의 시는 이내 미자의 목소리로 들려오더니 마침내 소녀의 목소리가 된다. 그리고 소녀와 마주할 시간이

왔다. 다리 위에 오른 소녀의 뒷모습, 이어서 카메라를 향해 고개를 돌리고 제 얼굴을 보이는 소녀, 희진. 영화가 시작할 때 봤던 죽음의 실체는 영화의 마지막에 이르러 구체적인 소녀의 얼굴을 하고 등장한다. 과격하다고밖에 설명할 길 없는 이 선택은 영화의 세 번째 결심이다. 죽음 이후 시작된 영화는 시를 경유하고 시를 매개 삼아 우리 앞에 소녀를 불러 세운다. 사라진 미자의 자리에 음성과 육체를 가진 소녀가 있다. 우리는 그 전환을 목격한다. 소녀의 흔적을 되밟던 미자가 내준 자리이기도 할 것이다.

영화가 차곡차곡 쌓아온 죽음을 둘러싼 서사와 폭력의 잔혹함, 가해의 역사와 시를 찾아 헤맨 미자의 시간 때문일까. 우리 앞에 사진도 아닌 실물로서 등장한 이 얼굴은 감당하기 쉽지 않다. 이 실체 앞에서 감정적으로 흔들리지 않기란 불가능해 보인다. 구체적인 얼굴은 그만큼 힘이

세다. 그런데 이 얼굴을 어떻게 볼 것인가. 보고는 있지만, 그것을 보는 걸 어떻게 받아들여야 할 것인가. 곤란하고 곤혹스러우며 슬프기까지 하다. 어떻게든 오래오래, 진짜로 들여다보려 했던 미자는 어디로 갔는가. 그 자리에 육화된 상태로, 상징의 언어로 되돌아온 소녀를 보는 일은 그것대로 괜찮은가. 정말로 봐도 좋은가. 볼 수 있는가. 아직 그 시간은 오지 않은 것만 같다. 차마 소녀를 볼 수 없을 것만 같다. 이 순간, 본다는 행위는 다시 한번 무력해진다.

　〈시〉는 미자가 시 한 편을 쓰기까지의 시간을 통해 뒤집힌 소녀의 얼굴을 우리 앞에 다시 드러내는 시간, 어쩌면 죽음 이전 소녀의 시간을 가까스로 마련하는 게 절실하다고 말하는 영화일 것이다. 애도라는 말 대신 〈시〉는 그저 우리에게 보라 한다. "시를 쓰는 게 어려운 게 아니라 시를 쓰겠다는 마음을 갖는 게 어렵다."라는 시인의 말처럼, 중요한 건 마음을 갖는 일이다. 보기를 시도하는 것이다. 보려는 태도일 것이다. 생트빅투아르의 가르침처럼. 〈시〉는 그러니, 보라 한다.

(버닝 · *Burning* · 2018)

교차하고 틈입하는
환상과 실재의 서사

조너선 롬니 Jonathan Romney
영화감독, 시나리오 작가. 《사이트&사운드》, 《가디언》, 《인디펜던트》 등 여러 매체에 영화
평론을 기고하고 있다. 연출작으로 단편영화 〈라센자 L'Assenza〉(2013), 〈소셜 콜 A Social
Call〉(2002) 등이 있다.

옮긴이 김혜나
프리랜서 통번역가. 컬럼비아 대학교 대학원에서 한국사를, 한국외국어대학교
통번역대학원에서 통번역을 수학했다. 한국문학을 영어로 번역하는 일을 주로 하고 있다.

이창동 감독의 영화에는 늘 미스터리 요소가 담겨 있다.
아무리 관객들로 하여금 영화 속 등장인물들에 가까이
다가갈 수 있게 해주더라도, 그들의 동기를 완전히 이해할
수도 없고 그들이 그들 자신이나 주변 세상을 얼마나 잘
이해하고 있는지 결코 확신할 수 없다. 그런 이창동 감독의
영화 중에서도 가장 수수께끼 같은 영화가 바로 〈버닝〉이다.

　〈버닝〉의 주인공인 작가 지망생 종수(유아인)는 아버지가
공무원을 폭행해 감옥에 가게 되면서 쓰러져가는 파주
고향집의 농장을 지키며 돈을 벌기 위해 아등바등 살고
있다. 영화의 시작에서 종수는 소꿉친구인 해미(전종서)를
만나 잠자리를 하게 된다. 아프리카로 여행을 떠나니
그동안 고양이를 돌봐달라고 종수에게 부탁하는 해미. 이후
해미가 귀국할 때, 그녀의 곁에는 매너 있고 부유해 보이는

벤(스티븐 연)이 있다. 자신의 직업이 단순히 '노는 것'이라고 말하는 벤은 어느 날 종수에게 자신의 은밀한 취미에 대해 고백하는데, 그것은 비닐하우스를 불태우는 일이다. 벤의 이야기에 빠져들었다가 이내 집착하게 되는 종수는 벤이 다음에 어떤 비닐하우스를 태울지 알아보기 위해 동네에 있는 모든 비닐하우스들을 둘러본다. 그러던 중 해미가 갑자기 사라지고 벤을 향한 종수의 불신은 걷잡을 수 없이 커진다.

　　이창동 감독과 오정미 작가가 시나리오를 공동 집필한 〈버닝〉은 무라카미 하루키의 단편소설을 바탕으로 하고 있다. 단편소설의 짤막한 일화 속 빈약한 소재를 눈을 뗄 수 없을 정도로 복합적이고 변화무쌍한 148분짜리 장편으로 확장시켰다는 것은 감독이 서사적 복잡성에 통달했음을 보여주는 증거다. 영화는 하루키의 단편소설 〈헛간을 태우다〉를 원작으로 두고 있을 뿐만 아니라 1939년에 출간된 윌리엄 포크너의 동명의 단편소설 및 그 외 다른 작품을 암시하는 요소들을 포함하고 있다.

　　종수가 벤을 또 다른 허상과 전시展示의 대가인 개츠비에 비교하는 장면을 통해 영화는 하루키의 소설에서와 마찬가지로 F. 스콧 피츠제럴드에게 오마주를 표한다. 영화에서는 미국과 관련한 주제들이 현저히 눈에 띄고,

'코스모폴리탄'의 이미지를 가진 벤이란 인물을 한국계
미국인 배우 스티븐 연이 연기했음을 고려할 때, 〈버닝〉에서
〈아메리칸 사이코〉(메리 해런, 2000)나 〈파이트 클럽〉(데이비드
핀처, 1999)과 같은 현대 미국 영화의 반향을 감지하는 것은
무리가 아니다. 또한 등장인물들의 삼각관계에는 프랑스
누벨바그 영화 〈쥴 앤 짐〉(프랑수아 트뤼포, 1962)의 흔적이
담겨 있고, 해미가 춤추는 장면에서 흘러나오는 마일스
데이비스의 음악은 속임수가 치명적 결과를 낳는 또
하나의 영화인 루이 말의 〈사형대의 엘리베이터〉(1958)의
사운드트랙이다.

{153}

자가 증식하는 환상의 줄기

〈버닝〉의 서사에 대한 일부 비판적인 평가들은 에피소드를
액면 그대로 받아들이지만, 영화에서 실제로 무슨 일이
일어나는지, 아니면 무슨 일이 일어나는 것처럼 보이기만
하는지 확신하기는 어렵다. 예를 들어 종수가 나이로비에
있는 해미에게서 걸려온 전화를 받을 때 해미가 정말
나이로비에서 전화를 한 것인지, 그녀가 실제로 아프리카에
발을 디뎠는지도 전혀 알 수 없다. 종수가 공항에 마중

나갔을 때 해미는 여행 중에 만났다며 벤과 함께 등장하지만, 둘은 도착 라운지를 가로질러 걸어갈 뿐 정말로 비행기에서 내렸는지는 알 수 없다. 이후 (미켈란젤로 안토니오니의 〈태양은 외로워L'eclisse〉에서 모니카 비티가 춤을 추듯) 해미가 아프리카 부시맨 춤을 출 때, 그 춤이 단지 그녀의 풍부한 상상력의 결실이 아니라고 어떻게 확신할 수 있을까?

우리는 어떤 경우든 의심의 눈초리로 지켜봐야 한다.

처음부터 해미는 꽤나 능숙한 일루셔니스트illusionist로 그려진다. 취미로 판토마임을 배우는 그녀는 종수에게 보이지 않는 귤을 까먹는 모습을 보여주며 마임의 핵심은 "있다고 생각하는 게 아니라 없다는 걸 잊는" 데에 있다고 말한다. 정확히 속임수가 어떻게 이루어지는지 보여주며 능숙하게 마임을 해 보이는 해미는 이를 통해 종수(와 관객)의 경계를 낮추고 신뢰를 얻어 그들이 더 많이 속아 넘어가게끔 만든다. 종수는 해미가 말해준 많은 것들을 의심한다. 한 번도 보지 못한 그녀의 고양이의 존재를 의심하고, 어렸을 때 우물에 빠진 적이 있다는 해미의 말이 사실인지도 의심한다. 이런 수수께끼들에 대한 종수의 집착은 그가 해미라는 최면에 걸려들었다는 사실을 보여준다.

다른 등장인물인 벤에 관련된 모든 것은 만들어진 환상처럼 보인다. 벤은 단지 재미만을 추구하는 매우 비도덕적인 바람둥이 이미지를 풍기지만, 이창동 감독은 하루키와는 달리 '허언증'이 있을지도 모르는 벤의 본성에 대한 단서를 제공한다. 하루키의 단편소설에서는 헛간을 태웠다는 남자의 주장이 뜬금없이 나온다. 하지만 영화에서 벤은 비닐하우스를 태운다는 고백을 하기 직전에 종수에게서 그의 아버지의 불같은 성격에 대한 이야기를 듣는다(이는 포크너의 소설에 나오는 아버지의 이야기를 암시한 것이다). 게다가 그 이전에 종수는 벤에게 자신이 포크너를 얼마나 좋아하는지 언급한다. 다시 말하면, 비닐하우스를 태운다는 벤의 고백은 종수가 무심코 이야기한 소재들을 가지고 벤이 종수만을 위해 지어낸 것처럼 보인다.

〈버닝〉의 가혹한 역설은 소설을 쓰고 싶지만 소재를 찾기 위해 고군분투하는 종수보다 한 수 위에 마치 숨 쉬듯 쉽게 허구의 이야기를 지어내는 두 사람이 있다는 점이다. 하지만 소설의 소재는 늘 종수의 눈앞에 있었고, 영화의 말미에서 종수가 글을 쓰기 시작할 때 우리는 그가 바로 그 소재에 대한 글을 쓰는 것이 아닐까 생각한다. 물론 예술적으로든 실존적으로든 구원을 받기에는 너무 늦었지만 말이다.

이야기는 시작되면 스스로 줄기를 뻗어나간다. 종수는 해미의 고양이가 존재한다는 사실을 믿지 않을 수도 있지만, 있을지도 모르는 고양이에게 먹이를 주기 위해 해미의 집을

계속 방문한다. 또한 벤이 고백한 취미가 사실인지 믿지
않을 수도 있지만, 강박적으로 돌아다니며 벤의 취미를 캐고
다닌다.

이야기는 들어주는 사람을 찾으면 그들의 의식 속을
파고 들어가며 머릿속에 남을 가능성이 높다. 영화에서
드문드문 선정적으로 들리는 모그의 음악에 깔린 베이스
기타 사운드가 시사하듯이 집착은 전염성이 있다. 그리고

이는 자신의 불법적인 취미에서 "뼛속까지 울리는 베이스를
느낀다."고 말하는 벤의 주장을 뒷받침한다. 바꿔 말하면
〈버닝〉은 전송transmission에 관한 이야기다. 남한과 북한의
경계 근처에 있는 종수네 농장은 선전 방송을 전송하는
북한의 통신국과 가까운 거리에 위치해 있고, 서울에 있는
해미의 자취방에서 혼자 자위를 할 때 종수는 남산타워를
바라본다. 여기에서 남산타워는 부분적으로 남근을 상징하는
이미지이기도 하지만, 타워의 기능인 메시지 전달을
인유하기도 한다.

벤은 종수의 판타지인가?

해미는 스스로 자신을 만들어낸 인물이다. 자신을 둘러싼

분위기, 즉 페르소나 전체를 만들어낸다. 매혹적이고 성적 자신감이 가득한 매력적인 여성으로서의 이미지를 부각시키며 롱테이크로 촬영된 장면에서 황혼이 지는 하늘을 배경으로 웃옷을 벗은 채 춤을 추는 해미는 자신을 흠모하는 두 남자에게 에로틱한 매력을 풍긴다. (이 과정에서 종수는 남자들 앞에서 서슴지 않고 옷을 벗는 그녀에게 모진 말을 내뱉으며 여성 혐오를 드러낸다.)

{158} 만약 해미가 자신의 이미지를 만들어낸 것이라면, 벤 역시 그녀가 만들어낸 인물이라고 상상하는 것은 그리 어려운 일이 아니다. (이창동 감독이 무라카미 하루키보다 더 리얼리스트이긴 하지만) 영화를 엄연한 현실주의 서사로 읽지 않는다면, 해미가 판토마임으로 상상 속의 귤에 실재성을 부여한 것처럼, 우리는 벤을 해미가 일루셔니스트의 의지로 지어낸 환상적 인물이라고 해석할 수도 있다.

아니면 방향을 조금 달리해서, 벤이라는 허구의 인물을 만들어낸 사람이 만약 종수라면? 벤이 종수가 가진 창작 충동의 산물이라면 어떨까? 이야기가 진행되며 종수는 벤과 관련한 추측과 편집증적인 상상의 나래를 펼쳐나간다. 마치 실재하는 것처럼 보이지만, 공공연히 또는 암묵적으로 정신적 문제가 있는 사람의 상상력이나 성욕의 산물인 도플갱어는 소설과 영화 속에 꾸준히 등장해왔다. 예를 들어

척 팔라닉의 소설 《파이트 클럽》의 등장인물 타일러 더든은
비도덕적인 반항아로 그려지는데, 영화 후반부에서 타일러는
상상 속의 인물, 즉 주인공이 만들어낸 자신의 에로틱하며
이상적인 분신으로 밝혀진다.

벤에게서 연상되는 또 다른 인물은 브렛 이스턴 엘리스의
소설 《아메리칸 사이코》의 주인공인 연쇄 살인범 패트릭
베이트먼이다. 자신의 호화로운 생활을 세밀하게 묘사하는
패트릭은 그 이면에 살인의 광기를 품고 있는 인물이다.
하지만 그의 살인 행위 자체가 순전한 환상이며 스스로에게
신화적인 이미지를 부여하기 위해 만들어낸 산물일 수
있다는 점을 생각하면, 종수에게 벤은 확실히 패트릭처럼
보이기 시작한다.

엘리스의 책을 읽지 않았을지 모르지만, 벤의 고급 빌라
주변을 뒤지며 캐고 다니는 작가 지망생 종수는 흥미 있는
살인 사건에 대한 이야기를 만들어내기에 충분한 스릴러
영화나 책을 본 것처럼 보인다. 종수는 독창적인 자신의
이야기를 구상하기에 충분한 작가는 아닐지 모르지만,
상상력이 풍부한 독자로서는 다분히 창의적이다. 마치
탐정처럼 발견한 단서들로부터 이야기를 엮어내는 데
탁월하다. 그래서 벤의 화장실 서랍에 있는 여성 팔찌들을
근거로 그가 해미를 포함한 여성들을 죽인 연쇄 살인범일

수도 있다고 의심한다. (물론 벤은 전리품을 모으는 것을 좋아하는
바람둥이일 수도 있다.)

닫힌 문 뒤에서 공존하는
두 차원의 세계

{160} 영화의 말미에서 종수는 글을 쓴다. 마침내 쓰고자 하는
소설을 쓰는 것처럼 보이고, 이후의 모든 이야기는 그가
쓰는 소설의 일부일지도 모른다. 진위 여부를 떠나, 종수가
마지막으로 행하는 이 필사적인 행동은 환상적인 요소들을
현실 세계의 차가운 공기 속으로 끌어내는 것이다. 영화
내내 자신이 처한 칙칙한 현실로부터 도망치다 마침내
상상의 세계로 탈출을 시도할 때, 비로소 우리는 종수가
이창동 감독의 다른 영화에 나오는 주인공들, 즉 기독교로
개종하지만 오히려 자신의 슬픔을 감당해내지 못하게
되는 〈밀양〉의 신애, 아름다움의 이상에 매달리며 자신이
처한 상황을 똑바로 바라보지 못하는 〈시〉의 미자, 꿈에
그리던 이상향을 좇아 조폭 세계에 발을 담그지만 온전히
빠져나오지 못하는 〈초록물고기〉의 막동과 공통점이 있음을
눈치 채게 된다.

종수는 가난, 아버지에게서 물려받은 분노라는 유산, 자신의 나약한 자존심 등으로부터 벗어나고 싶어 한다. 그렇기에 하나 남은 송아지를 키우는 지저분한 진흙투성이 헛간, 불태워버리고 싶은 초라한 비닐하우스로 대표되는 흙과 물질성, 박탈된 자신의 삶과는 대조적인 벤의 화려하고 가벼운 삶에 매료된다. 벤의 취미의 본질은 종수에게 직접적으로 영향을 미치기에, 비닐하우스는 영화의 핵심 이미지다.

하루키의 소설 속 주인공은 작가이고 그에게 헛간 태우기는 단지 아이디어나 흥미로운 자만심일 뿐이지만, 이창동 감독의 영화에서 벤이 고백한 기물 파손 행위는 종수에 대한 직접적인 공격, 즉 부유한 도시인이 가지고 있는 농촌 노동자들의 욕구 및 가치에 대한 경멸의 표현이다. 벤의 태도가 종수에게 깊은 영향을 끼치는 이유는 바로 그의 태도가 심리적이기도 하지만, 정치적인 측면도 있기 때문이다. 그렇기에 자신이 소설을 쓰기 위해 고군분투할 때 벤은 너무나도 쉽게 허구의 이야기를 만들어낸다는 사실이 종수에게는 매우 고통스럽게 다가온다.

〈버닝〉은 한국의 부자와 약자 사이의 계급 차이를 묘사한 영화로 널리 해석되어왔다. 그러한 관점은 〈버닝〉이 단순히 편집증적 상상력 및 예술 창작의 변덕과 좌절에 대한 퍼즐 같은 서사가 아니라 보다 더 실질적이고 정치적인 현실에 뿌리를 두고 있음을 보여준다.

그러나 이창동 감독의 영화에서 허구와 경제적 현실이라는 두 차원은 쉽게 분리될 수 없다. 아이린 슈와 이수지가 말했듯이 "〈버닝〉의 비극은 상상이라는 사치가 부유한 남성에게만 우선적으로 허락된다는 것"*이다. 그러나 좀 더 구체적인 해석을 넘어 〈버닝〉은 수수께끼 같은 면모가 있는, 심오하지만 매력적인 영화다. 한 번만 봐서는 쉽게 알 수 없는 이 영화의 첫 장면이 닫혀 있는 문이라는 것은 결코 우연이 아니다.

* 《애틀랜틱》에 실린 평론 〈'버닝'은 한국의 극심한 불평등의 피해를 어떻게 포착하는가〉, Irene Hsu and Soo Ji Lee, "How Burning Captures the Toll of Extreme Inequality in South Korea", *The Atlantic*, November 15, 2018.

비밀의 빛을
찾아서

김혜리 金惠利

영화평론가. 《씨네21》 편집위원. 팟캐스트 '김혜리의 필름클럽'을 운영하고 있다. 지은
책으로 《나를 보는 당신을 바라보았다》, 《그림과 그림자》, 《영화를 멈추다》, 《그녀에게
말하다》 등이 있다.

우연히 시작된 일이라고 엄격하지 않을 수 없다. 왜냐하면
이 세계에 머무는 우리의 생 또한 우연이니까. 30년 전
아는 감독과 아는 작가를 소개시키려고 나간 자리에서 〈그
섬에 가고 싶다〉(1993)의 시나리오 집필을 덜컥 맡게 된
이후, 이창동 감독은 한 생명을 세상에 내보내는 결단에
버금가는 엄정한 태도로 여섯 편의 장편영화를 만들어왔다.
2022년 전주국제영화제가 마련한 특별전에서 디지털
리마스터링으로 먼지를 털고 선명해진 그의 전작全作과
재회할 수 있다는 소식은, 과연 우리가 이창동 감독의
여정에 관해 무엇을 알고 무엇을 모르는지 돌아보라고 퍼뜩
채근했다. 어떤 희망이 그를 문학에서 영화로 이주하고
마침내 정주하도록 만들었을까? 여섯 편의 이야기가
영화로서 삶을 얻기까지 통과한 심문은 무엇일까? 종일

영화를 이야기하면서도 '사랑'이라는 흔한 단어를 한 번도
입에 올리지 않는 냉정함과, 예술의 의의를 절대 냉소하지
않는 근본적 낙관의 공존은 어떻게 가능할까? 나는 중요한
질문들을 잊지 말자고 다짐하며 결연히 약속한 장소로
나갔지만 불필요한 염려였다. 이창동 감독의 이야기는
느렸지만 결코 길을 잃지 않았다.

김혜리　　전주국제영화제의 특별전 제안을 어떻게
받아들이셨나요?

이창동　　특별전이나 회고전이 썩 내키지는 않아요. 앞으로
할 일을 고민해야 하는데 지금까지 뭐 했다는 걸 보여주고
이야기하는 일이 불편한가 봐요. 그러나 전주 특별전은 4K
디지털 리마스터링 작업한 전작을 한꺼번에 상영하는 의의가
있죠. 저 역시 제대로 된 극장에서 리마스터링이 완료된
작품을 볼 기회는 없거든요. 그러니 나를 포함해 영화를 만든
사람들이 영화제에 와서 디지털 리마스터링의 결과를 보면
좋을 것 같았어요.

김혜리　　작업량이 엄청났을 텐데요.

이창동   〈밀양〉과 〈시〉는 필름으로 촬영했지만

D.I.(Digital Intermediate : 디지털 보정 및 처리) 작업을 위한 디지털

데이터가 원래 있어서 2K를 4K로 업스케일링을 했습니다.

〈밀양〉 이전 작품은 극장 상영도 필름으로 한 시대라

〈초록물고기〉와 〈오아시스〉는 필름을 디지털 스캔해

오리지널 상태로 복원했어요. 단편영화 〈심장소리〉(2022)를

함께 작업한 박홍열 촬영감독이 비주얼 수퍼바이저로

참여하고 있어요. 〈박하사탕〉은 영상자료원의 지원으로 이미

4K 디지털 리마스터링을 해둔 바 있고요.

김혜리   리마스터링 결과로 관객이 가장 확연한 차이를

느낄 수 있는 영화는 어떤 작품일까요? 최근작 〈버닝〉은 별

차이가 없을 테고요.

이창동   〈버닝〉은 처음부터 4K 디지털로 찍었으니까요.

〈밀양〉과 〈시〉는 2K 데이터를 업스케일링한 거라 큰 차이가

없을 테지만, 〈초록물고기〉와 〈박하사탕〉, 〈오아시스〉는

최초로 현상한 깨끗한 필름 프린트 같은 느낌으로 볼 수

있을 거예요. 개봉 당시에도 온전한 원본 상태로 극장에서

관람하긴 어려웠다고 할 수 있죠. 필름 현상을 하며 프린트를

뜨는 과정에서 네거티브가 상하기도 하고 극장을 돌면서

프린트가 다치는 일도 있거든요.

김혜리　여섯 장편 가운데 감독 이창동을 보여주는 세 편을
골라 달라면, 최근작 세 편을 꼽으실까요?

이창동　못 고를 것 같아요. 똑같이 좋아서 아니라 모두
나와 연결돼 있다는 점에서 어느 하나 뺄 수 없어요.

김혜리　리마스터링 이상으로 영화를 고치고 싶은 욕구는
전혀 없다고 이해해도 될까요?

이창동　리마스터링을 하며 생각해봤는데 유혹은 있죠.
이를테면 대사를 후시 녹음을 통해 바꾼다거나 어딘가를
편집하려면 할 수도 있죠. 그러나 그게 의미가 있을까?
기술적 보수 외에 영화의 원형을 바꾸는 건 약간의
속임수cheating 내지 자기 배신일 거라는 생각이 들었어요.

김혜리　'리덕스redux'라든가 많은 사후 디렉터스컷이
존재하긴 하는데요.

이창동　외국 경우는 감독이 최종 편집권을 갖지 못했을

가능성이 있으니 감독판이 필요할지 모르지만, 나는
100프로까지는 아니더라도 거의 원하는 대로 다 했으니까요.

김혜리　당시에 여건이 부족하고 상황이 압박해서 뜻대로
못 했던 연출은 없나요?

이창동　〈초록물고기〉는 결말부에서 막동이(한석규)가
죽고 난 후 두 형이 복수하는 장면이 원래 있었어요. 그런데
대상을 잘못 찾아 배태곤(문성근)이 아닌 김양길(명계남)의
나이트클럽에 찾아가서 복수하는 거예요. 복수처럼 보이지만
복수가 아닌 행위를 우리끼린 '의사疑似 복수'라고 불렀는데
장르 영화에 대한 나름의 비틀기 시도가 있었던 거죠.
편집실에서 마지막까지 갈등했어요. 개봉 당시는 영화의
길이에 대한 압박이 일단 컸어요. 120분이 넘으면 하루 5회
상영이라는 배급의 절대적 관행을 어기는 셈이었거든요.
최종 러닝타임이 128분인가 그랬는데 복수 신을 넣으면
130분이 넘어서 심리적으로 요즘으로 치면 한 150분쯤 되는
느낌이라 포기했죠.

김혜리　삭제된 부분의 필름은 남아 있나요?

이창동　그것이, 없어요. 해외 영화제를 다니면서 문제의
장면을 넣었어야 했다는 생각이 들어서 김현 편집 기사에게
잘라낸 필름이 있냐고 물었더니, 둘이 굉장히 많이 고민하고
의논한 신이라 몇 달 동안 보관했는데 내가 연락하기 며칠
전에 버렸다고 했어요.

김혜리　〈초록물고기〉가 어느새 25주년입니다.
〈초록물고기〉 이후 저는 일산에 갈 때마다 어딘가에
막동이가 묻혀 있을 것 같아 좀 쓸쓸한 기분이 들었습니다.

이창동　〈초록물고기〉는 내가 일산으로 이사해서 받은
느낌으로 시작된 이야기고 지금도 나는 여전히 일산에 살고
있죠. 작년에 내 영화에 대한 다큐멘터리를 촬영한다고 해서
영화를 찍은 곳들을 둘러봤거든요. 막동이가 살던 집은 오픈
세트로 짓고 나중에 다시 가족들이 하는 식당으로 개조해서
촬영했는데 지금은 일산 아파트 단지 주변부의 공단 거리가
됐어요. 멀리 아파트가 보이고 중간에 밭이 있는 모양새는
비슷한데 훨씬 어수선하고 삭막해졌어요.
〈초록물고기〉의 이야기를 처음 꺼낸 카페에도 들렀어요.
당시 일산에 살던 여균동 감독이 아이디어가 샘솟는
스타일이라 백마역 앞 카페로 문성근 씨와 날 불러내곤

했는데 잠깐 쉬는 시간에 내가 농담처럼 "옛날에 여기 살던 사람들은 다 어디 갔을까?" 하면서 말을 꺼냈어요. 길 건너 저기 보이는 역에 막 제대한 젊은 녀석이 내렸는데 완전히 바뀐 동네 풍경을 보고 얼마나 황당할지, 그가 기차에서 웬 여자를 만났는데 어쩌구……. 문성근 씨가 재밌다며 시나리오를 써보라고 했죠.

김혜리　〈그 섬에 가고 싶다〉와 〈아름다운 청년 전태일〉에 작가, 조감독으로 참여하시고 나서 정해진 수순처럼 〈초록물고기〉로 입봉을 하신 건가요?

이창동　두 작품이 감독이 되는 과정은 아니었어요. 박광수 감독이 임철우 작가의 소설 《그 섬에 가고 싶다》를 영화화하고 싶어 했는데 그 소설의 발문도 내가 썼고 작가와 친한 터라 셋이 만났어요. 그 자리에서 내가 임철우 작가의 다른 단편 〈곡두운동회〉 플롯을 가져와 《그 섬에 가고 싶다》의 마을 사람 각각의 에피소드로 녹이자는 아이디어를 냈어요. 그러자 박 감독이 그 플롯으로 시나리오를 써보라고 제안했죠. 그게 인생이 바뀐 계기가 됐어요.

김혜리　시나리오 쓰는 데 그치지 않고 연출부까지 하신 건 어떤 이유에선가요?

이창동　　그 무렵 나는 30대 후반이었고 글로 먹고산다는 의미의 전업 작가는 아니고 글만 쓰고 있다는 의미로 전업 작가였어요. (웃음) 작가로서의 한계 비슷한 것을 느끼고 있었어요. 1980년대에는 글 쓰는 사람들에게 엄청난 내면의 압박이 있었어요. 내 글이 현실을 바꾸는 데에 얼마나 유용하냐가 큰 자문이었고, 끊임없이 그 질문에 시달리며 글을 쓴 거죠. 그러다가 1990년대와 함께 제도적 민주화가 도래하니 이번엔 마치 현실을 다루는 소설을 유통기한 지난 물건처럼 여기는 분위기가 일었어요. 우리 삶의 구조적인 문제는 해결된 게 아니라 제도만 바뀐 것뿐이었는데……. 지금부터는 좀 우스운 이야기가 되는데, 그래서 파리에 가려고 했어요. 헤밍웨이를 흉내 내는 건 아니지만 파리에 가면 뭐가 있을 수도 있지 않을까? (웃음) 가족과 함께 가서 한두 해 살아보자 싶었고 이후 대책은 없었어요. 그래서 파리 영화 학교 출신 박광수 감독에게 물었더니 생활비를 아끼려면 학생으로 가야 하는데 영화를 좀 알고 가야 배울 게 눈에 보인다. 그리고 영화를 알려면 현장을 겪어봐야 한다고 했어요. 내겐 가능성이 희박한 이야기 같아 듣고 넘겼는데 앞서 말한 3인 회동에서 시나리오를 쓰라고 하기에 그러면 현장 경험을 하도록 나를 조감독으로 쓰라고 딜을 한 거죠. (좌중 웃음) 본래는 조감독이 둘이었는데 크랭크인 전날 다른 조감독이 하차했어요.

김혜리　졸지에 단독 조감독이 되신 거네요.

이창동　대안을 찾지 않고 나를 그대로 기용한 박광수 감독이 이해가 안 됐죠. 알다시피 조감독은 현장의 모든 걸 알고 지휘해야 하는데 난 영화 내용이야 시나리오 작가니까 안다 해도 기술적인 면과 현장 돌아가는 메커니즘에는 무지했어요. 게다가 독립영화처럼 예산을 줄여서 찍었지만 블록버스터급 영화였거든요. 선상 장면도 많고 기술적으로 난이도가 높은 작품인데 현장에서 아는 척해야 하는 처지가 된 거예요. 박광수 감독은 연출부의 질문을 싫어하는 스타일이고 나는 아주 짧은 시간에 영화가 어떻게 만들어지는지 스스로 깨쳐야 했죠.

김혜리　조감독으로서 스태프들의 질문을 어떻게 받아내셨어요?

이창동　콘티에 예컨대 "투샷에서 카메라가 팬해서

쓰리샷으로."라고 쓰여 있다면 왜 이걸 이렇게 하는지를
이해해야 했어요. 그것이 영화적 문법, 영화 표현의
본질에 대한 독학이었겠죠? 늘 영화를 만들어온 사람은
콘티가 나오면 그대로 하면 된다고 생각하지만, 나는 누가
물어보기라도 하면 답을 줘야 하니 '왜?'를 늘 생각해야
했어요.

김혜리   〈그 섬에 가고 싶다〉를 마치고 파리로 살러 가는
계획은 어떻게 된 건가요?

이창동   막상 현장 경험을 하고 나니 취기 가시듯이
현실감이 돌아왔고 전세금이 자꾸 오르니 1~2년을 나갔다
오면 감당할 수가 없을 것 같았어요. 나 같은 놈이 영화를
할 수 있겠나 싶기도 했어요. 그런데 주변에서는 계속 영화
하라고 권했어요. 조감독을 필요 이상 열심히 했거든. (좌중
웃음) 삶에 대한 전반적 반성을 하는 중이어서 자신에게 기합
주는 마음도 있었어요. 그 영화에서 만난 문성근 씨, 심혜진
씨, 명계남 씨 그리고 유영길 촬영감독이 〈초록물고기〉
멤버가 됐어요.

김혜리   교훈적인 일화네요.

이창동   아니, 전혀 교훈이 될 수 없는 것이 내가 그걸
목표로 한 적이 없어요. (웃음) 나는 남들이 이해할 수 없는
이유로 열심히 했는데, 인생의 아이러니죠. 아무리 그래도
영화에 대한 진입 장벽은 지금보다 높았고 영화 학교나 단편
경력도 없고 나이도 많아서 내가 진지하게 영화 하겠다는
생각에 빠져 있었다면 망상으로 보였을 거예요. 그런가 하면
그맘때 문학판 사람들이 모이면 너도나도 영화 할 거라는 게
말버릇이었어요. 작가들이 모이면 문학 이야기는 안 하고
영화 이야기만 했죠. (좌중 웃음)

김혜리   시네필 문화가 생기고 개봉 안 한 외국 예술
영화를 찾아 보는 인구가 늘었을 무렵이죠.

이창동   내 기억엔 1980년대 중반까지 대학 영화 동아리가
중심이었다면 1980년대 후반부터는 문인, 지식인 그룹으로
시네필 문화가 흘러나왔어요. 〈정복자 펠레〉(1987), 〈파리,
텍사스〉(1984) 같은 영화를 찾아 본 문인들이 맞은편에 앉아
있는 친구가 낸 소설은 안 읽고 서로 영화 얘기만 했어요.
(웃음) 나는 그런 자리에선 나서서 영화 이야기도 안 했고
조감독을 한 다음에도 크게 달라지진 않았어요. 오히려
소설을 계속 써서 〈그 섬에 가고 싶다〉를 찍으면서도 섬에서

신문 연재 소설 마감을 했어요. 그날치 촬영이 끝나고 연출부 회의까지 마치면 밤 열한 시가 되는데, 사람들이 다 자는 그 시간에 나는 친구의 작업실이 있는 옆 섬까지 쾌속정을 타고 가서 그때부터 다음 날 연재분 원고지 일곱 매 반을 쓰는 거예요. 다 쓰면 새벽 두 시나 세 시가 되는데 그걸 팩스로 보내고 다시 아침 전에 촬영지로 배를 타고 갔어요. 그 미친 짓을 매일 반복했지요.

관객과 영화가
연결될 수만 있다면

김혜리　　문화관광부 재직 기간을 제외하면 〈초록물고기〉부터 2, 3년에 한 번 정도의 주기로 신작이 나온 것 같은데 〈버닝〉은 유독 오래 걸렸습니다. 〈시〉와 〈버닝〉 사이 프리프로덕션까지 들어간 영화도 세 편 있었다고 들었어요. 영화계 환경 변화가 큰 이유였는지, 스스로 확신이 서지 않아 오래 걸린 것인지 궁금합니다.

이창동　　얼떨결에 영화를 시작한 경우라 처음에는 영화의 본질에 대해 많이 생각지 못했지만 〈박하사탕〉부터는 영화를

통해 나름대로 질문을 하려 했어요. 내가 영화를 만들어
관객과 소통하려는 게 뭔지 생각했다는 뜻이에요. 〈시〉 이후
준비한 프로젝트들 모두 각각 의제가 있었지만, 과연 영화로
만들 만한 의미가 있는가라는 물음을 통과하지 못했어요.

김혜리　다른 사람 아닌 내가, 다른 이야기 아닌 이
이야기를 해야 할 필요가 세상에 있느냐는 물음인가요?

이창동　예. 보편타당하게 인정되는 의미와는 달라요. 나의
지극히 주관적이고 사적인 의미일 수 있죠.

김혜리　'의미'라는 화두가 나왔는데, 감독님 영화는 극적
장치, 이미지의 완성도보다 그들 뒤쪽의 의미를 향하고
있다고 생각합니다. 그러나 의미는 문학도 전할 수 있을
텐데 영화로 이주하신 후 다시 돌아가지 않았어요. 영화를
통해 감각으로 경험되는 의미를 선호하시는 걸까요?
문학에서 시작했기 때문에 오히려 영화의 매체성이 뭔지 더
고민하시는 걸로 보입니다.

이창동　내가 말한 '의미'의 뜻은 굳이 말하자면, '가치'에
가까워요. 영화는 문학과 달리 의미로 소통하는 매체는

아니지만 그렇다고 의미가 없어지진 않아요. 이미지가
전달하는 감각과 숨겨진 의미 사이에 일어나는 끊임없는
마찰이 영상 매체의 존재 방식이라고 봐요.

김혜리　　그렇다면 결국 완성된 작품들에서 감독님이
찾았던 의미를 들어야 할 것 같습니다.

　이창동　　〈초록물고기〉의 경우는 공간과 정체성과의
관계였어요. 한국 사회의 공간들이 이렇게 급격하게
변화하고 있는데 그 변화가 한국인의 정체성을 어떻게
바꾸는가를 질문하려고 했죠. 〈초록물고기〉에서 나는 일산
신도시라는 낮의 세계와 영등포라는 밤의 세계를 보여주려고
했어요. 일산은 지금은 보편화된 한국의 신도시죠. 한국인의
삶이 그리로 향하도록 디자인된 목표 혹은 결과물이고
일종의 신세계 같은 장소예요. 그런데 하루아침에 도시를
만들어 주택난을 해소하고 주거 환경을 바꾼다는 목표를
위해 모든 수단과 방법이 동원됐어요. 여태 거기서 살아온
사람들의 삶의 흔적을 한꺼번에 싹 지우고 신도시를
만들겠다는 방식이고, 목적을 위해 수단을 정당화한다는
점에서 조폭의 논리와 다를 바 없었죠. 그리고 마치 무대
뒤가 무대를 떠받치듯 일산을 받치고 있는 것이 밤의 세계인

영등포란 공간이죠. 지금은 금융, 정치, IT 기업이 모여 있지만, 당시엔 공단과 노동자들의 벌집과 환락가가 있던 곳이고 조폭들의 욕망이 지배하는 곳이었어요. 그 변화하는 양쪽 공간 사이에서 뭐가 뭔지 도대체 모르고 정체성의 혼란을 겪는 한 젊은이가 자기 운명을 파멸시키고 마는 모습을 보여주려 했어요. 내 딴에는 장르적 틀 속에서 그런 걸 전달하려 했지만, 의외로 영화가 문학적이라는 평을 들었죠.

김혜리 〈초록물고기〉는 감독님 영화 중 가장 장르적 요소가 강한 영화인데도 그랬군요. 소설에서 거의 불가능한 시간 구조를 택한 〈박하사탕〉도 마찬가지였나요?

이창동 그때부터 문학적인 영화를 만드는 감독이라는 일종의 고정관념이 형성되는 걸 봤어요. 좋게 말하면 한 편의 소설을 읽는 것 같다는 뜻이겠죠. (영화와 문학의 차이는) 소통의 실감일 거예요. 20대 때 연극을 하면서 경험한, 관객과 주고받는 가운데 발생하는 무엇이 내겐 굉장히 중요했는데 소설은 그렇지 못했기에 매우 힘들었어요. 나는 내가 하는 일의 효용성이 중요한 사람이라 필요한 것을 만들어야 하는데 〈초록물고기〉를 만들고 나서 소설보다 훨씬 소통된다는 느낌을 받았어요. 얼마나 많은 수의 관객이 내 영화를 좋아하고 흥행이 잘 되었느냐를 떠나서 소설보다 더 적극적인 소통을 할 수 있다는 느낌이 들었죠.

김혜리　다른 인터뷰에서도 연극이 소설보다 재밌었다고 하신 적이 있는데, 소설에서 영화로 감독님이 매체를 바꾸게 한 욕구를 연극이 설명해주는 부분은 없을까요?

이창동　연극은 뭐랄까 내 선택은 아니었어요. 10년 위 만형이 굉장히 이른 나이에 연극 불모지이다시피 한 대구에서 연극을 했어요. 집이 몹시 가난했는데 열 살 무렵부터 셋방에 단원들이 와서 대본 리딩하는 걸 구경했고, 그때 들은 햄릿의 독백 대사를 혼자 읊으며 다니기도 했어요. "사느냐 죽느냐. 그것이 문제로다." 같은……. 요즘도 마찬가지겠지만 지방 도시의 연극은 실패가 예정된 사업과 비슷해요. 빚쟁이들이 집에 오는 광경을 지켜봤죠. 고등학교 졸업 후 포스터도 붙이고 전단도 돌리다가 사람이 모자라 연기도 하고 연출도 했어요. 근데 직접 해보니 마치 중독자가 약 하듯 좋은 거예요. (웃음) 과장이 아니라 관객과 주고받음에서 느끼는 격렬한 엑스터시가 있었어요. 연기가 그런 희열을 주더니, 연출도 덜하지 않더라고요!

그래서 위험하다 싶었어요. 한 집에서 둘이 연극을 할 수는 없으니까요. 게다가 원래 문학도였기 때문에 문학과 연극 사이에서 양다리를 걸치다가 대학을 졸업하고 대구를 떠나면서 연극도 떠났죠.

김혜리　소설과 영화는 작품을 수용하는 사람들과의 관계가 다르다는 말씀 중이었는데요.

이창동　문학은 누군지 모르는 익명의 한 사람을 상대로 써요. 그런데 그 상대는 나와 똑같은 느낌과 생각을 가진 사람이에요. 연애편지와 비슷하죠.

김혜리　독자도 문학을 읽을 때는 작가와 독대한다고 느끼죠.

이창동　연극은 앞에 있는 관객 중 누구를 특정할 수 없어요. 집단으로서 관객을 느껴요. 한편 영화는 눈앞의 관객이 아니라 불특정 다수, 보이지 않는 더 많은 사람들과 뭔가를 나눈다는 생각으로 만들어요. 소설 쓰기의 대상이 나와 같은 1인이라면 영화는 시나리오 과정부터 보이지 않는 집단이란 상대를 느끼고 생각해야만 가능한 작업이라는 거죠. 그걸 다르게 말하면 소통이고요.

그럼 소통의 개념은 뭘까요. 이를테면 천만 관객이 본다면 그것이 내가 원하는 소통일까? 그건 아닌 것 같아요. 내가 상정하는 이야기 상대는 천만 명이 아니라는 거죠. 한 사람도, 천만 명도 아닌 그 어떤 사람들을 상대로 소통한다는 느낌을 설명하기 참 어렵네요. 언젠가 현장에서 촬영할 때 누군가가 모니터를 보면서 "이 장면 하나로 십만이다."라고 말하는 거예요. 그때 든 생각은 그 장면을 편집에서 빼야겠다는 것이었어요.

김혜리 뭔가 잘못됐다는 의미로 받아들이신 거군요. 십만 명이 좋아한다면 그건 감독님이 말하고자 하는 바를 오해하게 만드는 장면이라는 생각인가요?

이창동 이미 내가 그 장면을 의심하고 있던 차에 그의 말을 듣고 속에서 반발이 일었겠죠.

김혜리 무차별적으로 대다수 관객이 재미있게 관람하고 영화가 끝나는 순간 홀가분하게 잊어버린다면 소통이나 진짜 이해가 아니라고 보시는 것 같습니다. 관객과의 관계에 심급을 둔달까.

이창동   굳이 말하자면 내 영화가 관객에게 '흔적'을
남기길 바라는 것이겠죠. 〈초록물고기〉가 공간이라면
〈박하사탕〉은 시간에 관한 영화였죠. 영화 서사에서
시간이 뭔지 나름의 질문을 하려고 했어요. 그것이 내가
〈박하사탕〉을 해볼 만하다고 생각한 이유였습니다.
그런데 그걸 실현하게 된 데에는 어떤 계기가 있었죠.
파리 비디오떼끄에서 열린 랑콩트레 영화제Rencontre
Internationales에서 〈초록물고기〉를 상영했는데 랑콩트레

집행위원장 마리 피에르 마르시아와 피에르 리시엥(칸 영화제
자문위원)과 함께 한 식사 자리에서 갑자기 다음 영화가 뭐냐는
질문이 나왔어요. 딱히 할 말이 없어서 과거로 진행하는
이야기를 생각하고 있다고 말했죠.

김혜리   설마 〈박하사탕〉을 즉석에서 떠올리셨다고요?

이창동   그 자리에서 꾸며낸 건 아니고 사실은
〈초록물고기〉를 만들기 전부터 아이디어가 있었죠.
밀레니엄을 앞둔 때라 시간에 대한 담론들이 많았던 때였고,
시간을 새로운 방식으로 다루는 영화들이 나오던 때였어요.
나도 시간이 거꾸로 가는 영화를 해보면 어떨까 하고 주변에
얘기를 했는데 반대보다 가타부타가 없었어요. 내가 진짜로

영화를 만들 수 있을까 피차 실감이 없었고, 또 시간이
거꾸로 간다는 게 정확히 어떤 건지 모르니까……. 주인공
영호(설경구)의 시간을 역행한 일대기를 들려주는데, 듣던
사람들이 졸더라고요. (웃음) 그래서 마음속에서 접고 있었죠.

김혜리　　해럴드 핀터의 〈배신〉이라는, 시간을 역행하는
연극이 있긴 했었죠.

이창동　　크리스토퍼 놀란의 〈메멘토〉도 나오기
전이니까요. 영화가 과거로 계속 역행해서 마지막에
멈춘다는 게 과연 어떤 건지 나도 모르고 누구도 모르는
거죠. 사실은 〈초록물고기〉가 끝난 뒤 시나리오를 쓰고 있던
다른 이야기가 있었어요. 송강호 씨에게 같이 하자고 미리
이야기를 들려주기도 했는데 IMF 시대에 은행 강도가 된
가족의 이야기였어요. 삼형제와 엄마, 그리고 여자 한 명까지
가담한 가족 강도단에 송강호는 둘째 아들이었고요. 그런데
내가 파리의 식사 자리에서 그 영화 대신 〈박하사탕〉의
구상을 꺼낸 건, 내심 그게 너무 상업영화처럼 보일 것
같아서 좀 아닌 것 같다는 마음이 있었나 봐요. (웃음) 그래서
전에 생각해두었던 〈박하사탕〉 이야기를 했죠. 서툰 영어로
스토리를 이야기하다 보면 핵심만 말하게 돼서 말하는

동안 뭐가 중요한지 알게 되잖아요? 아이디어는 있었으나
이야기가 완성돼 있진 않았는데 그 자리에서 빈 곳을
메워가며 이야기를 하다가 플롯이 만들어졌어요.
이야기를 듣고 나서 피에르 리시엥 씨가 주먹으로 테이블을
치며 "그거 해라Do it!" 하더군요. 속으로 '어, 통할 수
있겠네.' 생각했죠. 그리고 공교롭게도 그날 동석한 마리
피에르 마르시아가 2년 뒤에 칸 영화제 감독주간 디렉터가

되었고, 2000년에 〈박하사탕〉을 초청했죠.

김혜리　〈오아시스〉의 의미는 역시 영화가 관객 앞에
들이미는 종두와 공주의 존재감일까요?

이창동　〈오아시스〉를 만들어야겠다고 결심한 순간은
선명히 기억해요. 2000년 5월 칸의 메인 상영관 팔레 드
페스티벌 앞 광장이었어요. 감독주간에서 〈박하사탕〉을
상영했는데, 칸이라는 장소 자체가 내게 얼떨떨했어요.
그해의 가장 화제작이었던 라스 폰 트리에의 〈어둠 속의
댄서〉(2000)를 보고 나온 직후였어요. 〈어둠 속의 댄서〉는
비디오카메라를 100대인가 동시에 썼다는데 사형 제도를
반대한다는 주제를 아주 길게 찍은 뮤직비디오같이 만든,
내게는 또 다른 화려한 판타지 영화 같았어요. 극장의 어둠을

벗어나 눈부신 지중해의 햇살 아래 멍하니 서 있는데, 〈베터 댄 섹스〉(2000)라는 영화의 광고판이 눈에 띄었어요. '아니 제목부터 판타지를 팔고 있네?' 싶었죠. (좌중 웃음) 그 순간 나도 판타지에 관한 영화를, 관객이 영화와 판타지와의 거리를 느끼게 하는 영화를 만들어야겠다고 결심했죠. 〈오아시스〉가 러브스토리여야 했던 이유는 영화처럼 사랑도 일종의 판타지이기 때문이죠. 사랑은 두 당사자에겐 주관적이고 절대적인 것이지만 나머지 세상 사람들에겐 그렇지 않지요. 그런데 그 간극이 더 크다면? 관객이 판타지를 구하러 영화관에 왔는데 도저히 판타지를 충족하기 힘든 사람들의 사랑 이야기라면?

{207}

김혜리　〈어둠 속의 댄서〉는 〈밀양〉의 간단한 시놉시스만 듣고 비슷한 점이 있지 않을까 여쭤봤던 영화이기도 한데 뜻밖에도 〈밀양〉이 아니라 〈오아시스〉와 관련이 있었군요.

이창동　〈밀양〉은 이청준의 〈벌레 이야기〉를 1988년도인가 읽었을 때부터 영화가 될 수 있겠다는 생각을 했어요. 광주의 '광光' 자도 안 나오지만 내게는 〈벌레 이야기〉가 광주 이야기로 읽혔고, 내 안에 씨앗으로 심어져서 오랜 시간 동안 나무처럼 스스로 컸던 거죠. 광주를

포함하면서 넘어서는 이야기라고 생각했고, 인간에 관한
이야기이되 신의 문제를 생각해보게 했으므로 나로서는 또
해볼 만한 이야기였던 거죠.

김혜리 감독님 영화를 돌아보면 새로운 '나'가 되길
꿈꾸는 주인공들의 바람이 상상과 다른 형태로 실현되는
이야기가 많아요. 실현이 됐다고도 안 됐다고도 말할 수
없는. 가령 〈박하사탕〉은 "나 이제 돌아갈래!"라고 외쳐서
영화를 통해 과거로 돌아갔는데 막다른 여정이라 어디로도
나아갈 수 없죠.

이창동 〈박하사탕〉의 구조는 단순히 서사의 인과를
재미있게 보여주기 위한 것만은 아니에요. 영화 속에서는
시간이 과거로 가서 어느 순간에 끝이 나지만, 관객과
영화가 연결될 수만 있다면 영화가 끝난 후 영화는 관객의
시간으로 연장될 수 있으리라고 생각했어요. 더 이상 어찌할
수 없는 과거에 머무는 영화의 결말 때문에 관객이 답답하고
안타깝다면 그것을 동력으로 극장 문을 나선 관객이
자기만의 시간을 살 수 있지 않을까. 길은 끝나지만 여행이
시작되는 것이죠.

김혜리   〈밀양〉의 신애(전도연)도 꿈꾸던 새 삶과는 완전히
다른 식으로 새로운 인생을 살게 되고, 〈시〉의 미자(윤정희)도
결국 시 한 편을 쓰지만 쓰기까지 과정에서 치르는 대가는
상상도 못한 것이죠.

이창동   우리 삶이 그렇다고 내가 생각하기 때문인지도요.
원하지 않고 예상치 못했던 일을 받아들이는 것이 삶이죠.
달리 말하면 예측 못 한 사태가 닥쳤을 때 인물이 어떻게 그
속에서 자기 삶의 의미를 찾아내느냐가 내 관심사인지도
몰라요.

김혜리   〈버닝〉은 전작들과 연결점이 없는 것은 아니나
감독님 필모그래피에서 가장 이질적인 작품이라는 생각은
여전합니다. 아직 〈버닝〉이 최근작이라 일회적인 변화인지
2기의 시작인지는 판단할 수 없지만요.

이창동   2기의 시작이라기엔 내 나이가 많죠. (웃음)

김혜리   그래도 열두 편은 만들지 않으실까요? 〈버닝〉은
영화가 그리는 세계에 처음으로 감독님이 연루돼 있지
않다는 인상을 받았어요. 현상으로서 영화 속 세계를

{209}

바라보고 있는 것 같달까요? 무라카미 하루키와 윌리엄
포크너의 소설이 제시한 얼개에 인물을 넣고 관찰하는 것
같은 느낌이랄까, 전작들처럼 인물과 함께 분투하면서 답을
찾고 있지 않다고 느꼈습니다.

이창동　　질문한다는 점에서는 똑같지만 〈버닝〉의 질문은
복잡해졌어요. 질문이 한 겹이 아니에요. 관객의 공감을 통해
문제를 공유할 뿐 아니라, 영화 속에서 벌어지는 상황이나
감정까지도 의심하는 방식이기에 말한 대로 감독이 외부에
있다고 느꼈을 수도 있어요.

김혜리　　창작자로서 상대적으로 무책임해지는 것은
아닐까 하는 염려는 안 하셨나요? 어디까지가 종수(유아인)의
소설이거나 주관에 필터링된 현실이고 어디까지가
객관적 사실인지 모호하니까요. 영화적으로는 〈시〉보다
〈버닝〉이야말로 운문에 가까운 영화가 아닐까 하는 생각도
들었습니다.

이창동　　〈시〉가 〈버닝〉보다 투명하죠. 〈버닝〉은 우리가
현재 살고 있는 삶의 구조가 가진 불투명함 자체를
감각적으로 느끼게 하려는 이야기였으니까요. 어디까지가

종수의 소설이냐는 부분은 지엽적입니다.

김혜리   〈버닝〉 공개 당시 인터뷰에서 현재 청년들의
분노를 거론하셨을 때 말씀하시는 청년이 여자와 남자
모두의 얼굴을 갖고 있었을까 하는 질문도 품었어요. 이유의
일부는 전형적인 하루키 스타일로 사라져버린 해미(전종서)
때문이기도 하죠.

이창동   청년 문제의 현실적 접근, 여자와 남자의 구분
등은 영화 만들기 전부터 어느 정도 예상했던 의견이에요.
하지만 그런 기대에 맞추려고 영화를 만들지는 않았기에
동의할 수는 없어요. 〈버닝〉을 만들어 관객과 소통하려고
했던 내용이 그런 문제를 넘어선 것이라 기존 방식으로
이야기할 수 없다고 생각했어요.

김혜리   기존 방식이란 〈버닝〉 이전 감독님 영화의 화법을
말씀하시는 걸까요?

이창동   과거에는 내 영화를 재미없어 하더라도 의미
있는 영화라는 정도는 긍정했는데 〈버닝〉을 좋아하지 않는
사람들은, 특히 한국 관객들 일부는 불호의 감정을 매우

적극적으로 드러내더군요. 어쩌면 거기에 답이 있을 거예요.
〈버닝〉을 통해 관객에게 질문하고 건드려보고 싶었던 것이
그들의 영화에 대한 태도와 경험 어딘가를 건드렸을 수도
있어요. 아까 청년에 관한 질문을 했는데 반면에 〈버닝〉에
과하다 싶게 감정 이입하는 한국 젊은 관객들도 있어요.
그들이 남자인가 여자인가 구분하는 것이 의미가 있을까요?
요즘 한국에서 청년 문제를 이야기할 때 좀 배타적이란

느낌이 있어요.
청년의 실업 문제나 도농 간의 격차, 양극화 문제를 묘사하고
공감하게 하는 것이 처음부터 이 영화의 목표가 아니었어요.
나는 〈버닝〉이라는 색다른 미스터리 스릴러를 통해
관객들에게 낯설고 새로운 영화적 경험을 주고 싶었어요.
사라진 해미가 어떻게 되었나를 찾는 단순한 미스터리가
더 큰 미스터리들, 세상과 삶의 모호함이란 미스터리들로
확장되는 것을 느끼도록 하는 영화죠. 그런데 한국 관객들은
자기들이 기대한 영화가 아니어서 당혹해하고 반감을 느끼는
것 같았어요.

김혜리　　영화에 대한 반응 속에 분노가 있네요.

이창동　　그래서 내가 관객의 반응에 답이 있을지 모른다고

한 것이죠. 종수가 벤(스티븐 연)에게 분노하는 것은 그가
연쇄살인범으로 보여서가 아니라 그가 누구인지 잘 모르기
때문이에요. 자신이 쓰는 글의 대상인 세계가 모호해서
분노하는 것이죠. 그리고 〈버닝〉의 관객들은 모호함에 대한
영화의 모호함에 분노함으로써 결국 세상의 모호함에 화를
낸 것이니 영화에 공감했다고 정리했어요. (웃음) 어쩌면
〈버닝〉이 내가 관객과 만나고자 하는 코드를 열어젖힌 것
같기도 해요.

이야기는
관객의 삶 속에서 끝난다

김혜리   〈버닝〉은 감독님의 영화 가운데 상대적으로
촬영을 비롯한 형식이 부각된 영화였다고 생각합니다.

이창동   나는 그동안 끊임없이 형식에 대한 고민을
해왔어요. 〈버닝〉은 불안하고 무력한 청년의 감수성을 좀
더 감각적으로 살렸을 뿐이지요. 〈초록물고기〉는 장르
영화의 문법으로 기존의 장르적 관습을 비트는 정도였지만,
〈박하사탕〉의 시간 구조는 서사의 인과를 뒤집는

것이었고요. 〈오아시스〉는 판타지와 현실의 경계를 허물고자
했죠. 허름한 작은 아파트 방에 코끼리가 나타나는 장면이
제게는 단순한 영화적 이미지를 구현하는 것에 그치는 것이
아니라 관습화된 형식에 대한 도전이었어요. 촬영 자체가
마치 꿈에 본 이미지를 현실화시키는 것과 비슷했어요.
방문을 빠져나가 작은 거실을 돌아다닐 수 있는 작은
코끼리가 필요했는데, 그렇게 어린 코끼리는 국내에 없어서
세트를 배에 싣고 코끼리가 있는 태국에 가서 촬영했어요.

김혜리 말 그대로 '방 안의 코끼리an elephant in the room'군요.

이창동 상상하긴 쉬운데 영화로 보여주는 건 다른 문제일
때가 많아요. 예컨대 〈박하사탕〉도 20년을 역행하면서 특수
분장 없이 점점 젊어져야 하는데 그게 가능할까 걱정이
많았죠. 더구나 설경구는 촬영을 하면서 점점 지쳐가고
있었고요. 그런데 마지막 챕터 촬영에서 카메라가 돌아가는
순간, 놀랍게도 뷰파인더 안의 설경구는 젊어 보이더라고요.
나는 그게 영화의 마술, 배우가 가진 감정의 마술이라고
생각해요. 〈박하사탕〉은 첫 장면과 마지막 장면을
떠올리면서 이야기를 만들어갈 수 있었죠.
첫 장면이나 마지막 장면이 떠오르지 않으면 나는 이야기를

시작하기가 어려워요. 소설을 쓸 때도 늘 첫 문장은 신경을 썼죠. 좀 아이러니인데 내가 막상 소설을 쓸 때는 서사를 그렇게 의식하진 않았던 것 같아요. 서사성이 약해진 건 한국 문학의 문제이기도 해요. 특히 단편소설은 이야기를 전한다고 생각하고 쓰는 것 같진 않아요.

김혜리　재미있는 말씀이네요. 소설은 어찌 됐건 독자가 기본적으로 이야기로 받아들여서일까요? 영화는 오히려 집요하게 무슨 이야기냐고 힐문을 받을 수 있잖아요.

이창동　그렇기도 하고 근대로 넘어오면서 일상이 중요시됐는데 일상에서는 서사를 찾기 힘들고 서사를 해체하거나 서사를 보여주지 않는 편이 정직하다는 관점이 형성된 거죠. 〈초록물고기〉처럼 기차 앞 칸에서 장밋빛 스카프가 날아오고, 그 스카프의 주인이 영등포 조폭의 정부였다는 식의 설정은 당시 한국 소설에서는 받아들일 수 없는 서사였을 거예요. 하지만 영화는 그런 서사가 가능하잖아요. 여기서 일상적인 것이 정직한 것이라는 믿음과는 충돌이 발생해요. 일상은 반복이므로 시작도 끝도 없거든요. 이야기의 형태를 갖추려면 어디서 시작하고 끝이 무엇인지가 분명해야죠.

김혜리   영화의 엔딩은 섣불리 해소하지 않는 결말이어야
한다고 과거 인터뷰에서 말씀하신 적이 있어요. 영화가
끝나도 이야기는 끝나지 않아야 한다고.

이창동   아주 재미있는 이야기를 들려주는 것이 나의
목표가 아니라 관객에게 조금이라도 흔적을 남기려고
이야기를 하는 것이니, 이야기 자체로 끝나는 이야기가
아니라 이야기의 끝이 관객에게 가 있고 관객의 삶 속에서
끝나는 영화를 하려는 거죠.

김혜리   카타르시스를 주느냐 마느냐의 문제는요?

이창동   카타르시스의 사전적 의미가 감정의 정화인데,
그런 의미에서는 나도 카타르시스를 목표로 해요. 얼마 전에
편지를 받았는데, 수차례 자살 시도 끝에 한강 다리에서
구조돼 지구대에 앉아 있다가 마침 TV에서 방영되는
〈박하사탕〉을 본 사람이었어요. 그 자리에서 많이 울고
이후로 예전에 하지 못했던 일을 하면서 얼마나 견딜 수
있는지 살아보자고 지금까지 지내고 있다고 썼어요. 자기
같은 관객도 있음을 알리고 싶었다고. 물론 그런 영향을
줬다는 사실이 영화를 좋은 영화로 만들진 않겠지만,

카타르시스란 여러 가지 형태가 있다고 봐요.

김혜리   거의 매 작품 다른 촬영감독님과 함께 영화를
만드십니다. 작품 사이의 간격이 길어서인지 아니면 시각적
스타일을 고정하기보다 시나리오에 제일 잘 어울리는
촬영감독을 찾다가 나온 결과인지 궁금합니다.

이창동   단순하게 스케줄 문제예요. 나는 머릿속에서
영화를 생각하는 데에는 시간이 걸리지만 일단 하기로
정하고 시나리오를 쓰기 시작하면 빠르거든요. 그렇게
짧은 시간에 써서 촬영 준비에 들어가면 과거 작업했던
촬영감독들은 대체로 다른 스케줄이 이미 있어요. 대부분
나는 봄에 시나리오가 나오면 여름이나 가을에 크랭크인
하거든요.

김혜리   유영길 촬영감독님은 조감독으로 참여한 작품과
입봉작을 함께하신 경우죠?

이창동   1990년대 초에는 신인 감독이 A급 촬영감독과
일하기 쉽지 않았는데 유영길 촬영감독님은 달랐어요.
내가 부탁하기도 전에 자기가 촬영하겠다고 촬영부들

모아놓고 다음 작품은 이창동 감독과 한다고 이야기하셨다고
들었어요. 그분과 첫 작품을 같이 한 경험이 내가 그 뒤에
영화를 하는 데에 많은 영향을 주었죠.

김혜리　보통 사람들의 예상과 달리 그림도 잘 그리시고
콘티를 직접 많이 그리시는 걸로 압니다. 요즘은 콘티
전문가들이 따로 있는데 그래도 단독으로 콘티를
만드시나요? 아니면 같이 그리시나요?

이창동　현장에서 연출부보다 먼저 일어나서 콘티를
그려요. 〈밀양〉의 경우 밀양에서 아파트를 빌려 합숙했는데,
아침에 내가 콘티를 그려두면 연출부 스크립터가 일찍
와서 복사해 전 스태프들에게 나눠줬어요. 감독이 미리
촬영감독과 함께 스토리보드 작가를 데리고 콘티를 만들면
영화를 표준화시키는 면이 있어요. 내일 촬영할 공간을 한 달
전에 책상에 앉아서 대충 그 공간에 딱 필요한 요소만 가지고
그리게 되는 거죠. 공간뿐 아니라 당일 배우의 감정에 따라
동선이 얼마든지 달라질 수도 있거든요.
요즘 한국 영화는 촬영 현장의 효율과 경제성을 명분으로
표준화를 추구하는 경향이 있어요. 그러나 내게 영화란
일종의 예기치 않은 것을 포착하는 것이지 정해진 대로

진행하는 무엇은 아니에요. 다들 영화를 말하지만 서로 다른 걸 영화라고 부르는지도 몰라요. 내가 초등학교, 중학교 시절 만화를 많이 그렸는데 스토리보드가 만들어내는 콘티라는 것이 잘못하면 만화가 돼요. 만화의 칸 속에 적절하게 인물을 배치하는 작업이 되어버리는 거죠. 그래서 차라리 글 콘티로 대신해 여지를 많이 두려 해요.

김혜리　당일 배우의 상태를 언급하시니 얼마 전 〈드라이브 마이 카〉(2021)의 하마구치 류스케 감독에게 드렸던 질문을 감독님께도 드리고 싶어요. 감독님은 영화 만들기에서 배우, 공간, 시간 중 어떤 요소를 가장 중요하게 여기세요?

이창동　굳이 골라야 한다면 그중에서도 배우, 즉 인물이죠. 내가 영화를 통해 관객과 만난다는 건 결국 인물을 통해 만나는 것이니까요. 그러나 시간과 공간도 중요하죠. 일반적으로 영화에서 시간은 매우 실제적이고 기본적인 요소예요. 나는 항상 한 테이크가 끝나면 시간을 확인해요. 영화의 템포 때문이죠. 요즘은 영화의 템포를 촬영 때 만들어가지 않고 편집에서 해결하려는 경향이 있는데, 시간을 어떻게 다루느냐는 영화의 기본이에요. 공간도

마찬가지인데, 예를 들어 〈밀양〉에서는 밀양이란 공간이
또 다른 주인공이라 할 수 있어요. 종찬(송강호)은 그 공간이
의인화한 것이고요. 그래서 밀양에서 올로케를 했어요.
제목이 '밀양'이라고 해서 영화를 실제 밀양에서 다 찍는다는
건 제작하는 입장에서 보면 어리석죠. 관객에게 100프로
밀양에서 촬영했다는 사실이 무슨 의미가 있겠어요? 하지만
내게는 영화를 만드는 태도의 문제였어요. 다른 곳에서

찍는다면 그럴듯한 공간을 찾아 찍어서 붙이는 거잖아요?
그런데 〈밀양〉에서 내가 이야기하고자 하는 바는 세속의
별것 없는 삶의 터전에 어떤 의미가 있느냐를 질문하는
거였기 때문에 싫든 좋든 주어진 공간의 한계를 받아들여야
한다고 생각했어요. 영화적으로 꾸미고 싶지 않았어요.

김혜리　　거기서 살아갈 수밖에 없는 극중 인물처럼요.

이창동　　유일하게 밀양 밖에서 찍은 장면이 교회 부흥회
실내 신이에요. 볼 것 별로 없는 소도시지만 오히려 화면
비율은 2.35∶1로 찍었어요. 생활공간 자체가 별것 없는
곳이고, 도로도 좁고 피아노 학원이건 약국이건 카센터건 다
좁은 공간인데, 나는 그래서 더 시네마스코프 화면비로 그
좁은 한계 속에서 의미를 찾듯이 찍고 싶었어요.

김혜리　밀양도 놀랐을 겁니다. (웃음) 저는 사실 당시 가제였던 '시크릿 선샤인'이라는 영화를 밀양에서 찍으신다는 소식을 뒤늦게 알고 당시 공분을 불렀던 중학생 집단 성폭행 사건을 다루시나 했어요. 하지만 정작 해당 사건은 〈시〉와 관련이 있었죠.

이창동　〈밀양〉이라는 제목으로 영화를 찍으면 유괴 사건이란 내용 때문에 보수성이 있는 밀양에서 영화를 진행하기 힘들 것 같았어요. 조심하느라 임시로 '시크릿 선샤인'이라는 제목을 썼죠. 집단 성폭행 사건은 시나리오 작업할 때 터졌어요. 〈밀양〉은 초라한 일상의 공간에서 고통을 겪는 여자가 그 속에서 삶의 의미를 찾는 이야기잖아요? 그런데 실제 삶의 공간인 밀양에서 현재 진행형의 사건이 일어났는데 굳이 외면하고 가공의 유괴 사건을 다루는 일이 스스로의 원칙을 배반하는 것 같아 심각하게 고민하기도 했어요.

김혜리　진심으로 아예 이야기를 바꿀 수도 있다고 생각하셨어요? 그러면 신애는 피해자 소녀의 엄마가 됐을까요?

{222}

이창동　그건 모르지만, 현실의 추악함 가운데에서 삶의 의미를 찾는 이야기를 고민하다가 답을 못 내서 이청준의 픽션으로 돌아갔어요. 거기서 일어난 현실의 사건은 숙제로 남았다가, 〈시〉가 나오게 됐습니다. 〈시〉는 어디에서 찍었어도 상관없는데 강이 있어야 했죠. 아이들의 집단 성폭력 사건을 그냥 관습적인 방식으로 만들고 싶진 않았어요. 레이먼드 카버의 단편 〈너무나 많은 물이 집 가까이에〉도 참고했는데, 방관자의 죄의식을 드러내는 이야기가 너무 익숙한 방식 같았고요.

김혜리　로버트 알트만의 〈숏 컷〉(1993)에도 포함된 단편이군요.

이창동　어떤 이야기로 만들지 방법을 못 찾다가 일본 교토에 갈 일이 있었는데, 어느 날 아침 갑자기 시를 쓰는 할머니에 관한 이야기가 떠올랐어요. 호텔 방에서 TV를 켜놓고 밀란 쿤데라의 소설론인가 책을 읽고 있었는데 갑자기 제목은 〈시〉고, 시란 무엇이냐는 질문과 밀양 사건을 하나의 이야기로 만들어야겠다는 구상이 떠올랐어요. 그러면 궁극적으로 영화가, 예술이 무엇이냐는 질문으로 확장될 수 있으니까.

배우의 자발성을 이끌어내는
연기 연출

김혜리 그러면 가장 중요하다고 꼽으신 요소인 인물에
대해 이야기해볼까요? 연극하던 시절 직접 무대에도 서신
걸로 아는데, 당시 갖고 계시던 좋은 연기에 대한 견해가
영화 연출을 하면서 변화한 부분이 있나요?

이창동 연기에 대해서는 영화감독이 되기 전부터
나대로 의견이 있었죠. 일단 한국 영화의 연기를 보면서 왜
인물들이 현실에서처럼 말을 안 하는지 의문이 있었어요.
〈초록물고기〉에서 적어도 그런 연기 관습을 깨고 싶었어요.
최소한의 영화적 도전이라고 생각했죠. 하지만 장르 영화라
일상적이지 않은 인물이 일상적으로 말하고 행동하는
데에는 한계가 있었어요. 처음부터 쉽지 않았죠. 배우들에게
'연기'하지 말고 평소에 이야기하던 것처럼 '말하라'고 해도,
그게 무슨 뜻인지 못 알아들었어요.

김혜리 관객과의 스킨십은 배우가 하는 건데 연기가
인물을 가리는 형국이 될 수도 있는 거죠. 지금 와서
돌아보면 1990년대 말이 한국 영화 연기의 과도기였던 것

같아요. 후시 녹음 연기부터 다소 과장스런 연기를 지나 한석규 배우의 전성기, 송강호 배우의 부상을 기점으로 한국 영화 연기 스타일에 큰 변화가 있었다고 간주되죠. 〈초록물고기〉가 딱 그 시점 아니었을까요?

이창동　내 멋대로의 추정이지만 두 흐름이 있었다고 생각해요. 〈초록물고기〉 같은 상업영화의 연기 변화와 홍상수 영화에서 볼 수 있었던 지극히 일상적인 연기. 후자는 독립영화 연기의 전범 비슷한 것을 형성하게 됐죠. 하지만 상업영화는 그럴 수는 없으니 송강호, 설경구 같은 메소드 연기가 조금씩 영화에 받아들여져 한국 영화 연기의 변화를 만들어간 시기였던 것 같아요.

김혜리　실제 말하듯이 연기한다는 개념이 배우들에게 이해받지 못했을 때 직접 연기를 해서 설명하진 않았나요?

이창동　내가 시범을 보이는 것은 굉장히 위험하다고 봐요. 따라 하는 데에 그칠 수 있으니까요. 결국 자연스러운 톤으로 대사를 하는 데에는 어느 정도 도달했는데 문제는 그렇다고 보편적 자연스러움이 진짜 그 인물로서 말하는 건 아니거든요. 자연스러움이라면 영화보다 TV 연기가 더

자연스럽다고 할 수도 있죠. 하지만 TV 연기의 자연스러움은
누가 하더라도 그렇게 할 것 같은 자연스러움이죠. 그에 비해
영화 연기는 딱 한 번 볼 수 있을 것 같은, 일회적인 감정을
보여주는 것이고요.

김혜리   리딩과 리허설에 대해서는 어떤 입장이세요?
작품마다 다른가요?

이창동   영화마다 다르긴 한데 대체로 연습을 그렇게 많이
하지 않아요. 리허설과 테스트는 대부분 배우의 움직임을
카메라에 맞춰보기 위해서 합니다. 그럴 때 항상 배우들에겐
감정을 갖지 말고 대사를 대충 하라고 해요. 연습하다가
감정이 굳어지지 않도록.

김혜리   다시 하마구치 류스케 감독의 〈드라이브
마이 카〉를 생각지 않을 수가 없는데요. 체호프 연극을
올리기 위한 워크숍에서 배우의 감정이 사라질 때까지
반복시키잖아요?

이창동   왜 그렇게 하는지 이해도 가고 흥미롭기도
했지만, 하마구치 감독의 연기론에 동의하는 편은 아니에요.

인물의 진짜 감정이 내 영화에서는 무엇보다 중요한데, 〈드라이브 마이 카〉에 나온 방식은 배우가 인물로서 온전한 감정을 자발적으로 가지는 것이 아니라 반복을 통해 자아를 소진시켜 걷어내는 것이니까요. 나 역시 그런 방법을 택할 때도 있지만.

김혜리   그 방법을 택한 몇몇 경우가 알려져서 배우들에게 힘든 감독이라고 소문이 났을까요?

이창동   그럴지도 모르죠. 어찌 됐건 그처럼 의도적인 방식은 자발적인 진짜 감정과는 좀 달라요. 전해 듣기로 로베르 브레송 감독도 인물에게 아무 감정이 안 생기도록 모든 걸 다 빼버리고 말하고 움직이게 했다는데, 브레송은 사실은 그렇지 않다고 억울해 할 수도 있겠네요. 왜냐면 나도 나의 연기 연출 방식이 잘못 알려진 게 많다고 생각하니까요. 그런데 하마구치 감독은 그것을 관객 앞에서 시연하기까지 하니 그의 방식이라고 짐작해도 되겠죠.

김혜리   자아를 다 버리고 나오는 감정을 진짜 연기라고 말해도 되는지 의구심이 남죠.

이창동　연극은 그럴 수도 있을 것 같아요. 역사적으로 많은 실험을 해왔고 사뮈엘 베케트나 이오네스코의 부조리극처럼 무미건조하게 대사를 말하는 연극도 있었죠. 작품마다 왜 그래야 하는지 나름의 이유가 다 있고요. 〈드라이브 마이 카〉의 워크숍은 극중 연극을 위한 것이었으니 말이 되지만, 그것을 영화 연기의 방법론으로도 일반화하는 것은 내 방식과는 달라요.

김혜리　연기 연출의 실제적 방법론으로 돌아가본다면요?

이창동　당장 원하는 방향으로 연기하도록 만드는 방법론은 굉장히 많고 왕도도 없어요. 내 경우 대체로 조연과 단역, 특히 역할이 작을수록 요구가 구체적인 편이에요. 대사까지 일일이 바로잡기도 하죠. 연기 일반론을 거론하고 진짜 감정을 자발적으로 찾아내도록 하기에는 조·단역 배우에게 주어지는 재료가 별로 없어요. 역할이 커질수록 자발성이 중요해지죠. 그래서 주연들에겐 구체적인 요구를 하기보다 그 인물을 자기 내면으로 받아들이도록 하죠. 연출자로서 내가 하는 것은 그들의 자발성을 도와주는 것이라고 생각하고요. 그래서 어떤 배우들은 내가 연기 디렉팅을 안 한다고 여겨요. 난 심지어 잘했다는 소리도

삼가요. 내 오버센스일 수도 있지만 좋다 나쁘다 말을 하는
순간 그 연기를 반복할 위험이 있다고 보거든요. 그래서 어떤
배우들은 힘들어해요. 현장에서 적극적으로 배우에게 좋다고
말한 작품은 〈시〉가 처음이에요. 윤정희 배우가 연세도
많으시고 연기가 오랜만이라 불안감을 해소해줄 필요가
있었기 때문이죠.

김혜리　　사소한 질문입니다. 감독님은 왜 그렇게 '종'자
돌림 남자 이름을 캐릭터에게 자주 지어주세요?

이창동　　그러네요. 안 믿겠지만 〈초록물고기〉부터
주인공들 이름을 신경 쓰는 편이거든요.

김혜리　　막동이요?

이창동　　집안의 막내임을 알리는 이름이잖아요. 배태곤은
얼굴이 까맣게 타서 '베트콩'이라는 별명으로 불렸던 인물의
이름이고요. 그런데 해외 영화제에 나가보니 한국 영화 속
인물의 이름을 외국 관객들이 잘 기억 못 한다는 걸 알고
영문 표기한 이름이 시각적으로 쉽게 읽힐 수 있는 이름으로
작명하려고 신경 쓰게 됐어요. 〈박하사탕〉의 김영호도

순임이도, 〈오아시스〉의 종두, 〈시〉의 미자도 내 나름
세계화를 위한 노력을 한 거예요. (좌중 웃음)

김혜리　마지막 질문입니다. 〈밀양〉부터 영화 한 편을
마치고 나면 이 작품이 마지막일 수도 있다는 뉘앙스의
인터뷰를 하신 걸로 기억해요. 지금은 어떠세요?

이창동　영화를 찍어서 흥행시키고 운이 좋아서 상도
받으면 좋지 않은가 생각한다면, 당연히 계속 만들어야죠.
그런데 그것이 내게는 큰 의미가 없어요.

김혜리　영화 만드는 작업 자체가 즐거워서 그 행복을 위해
계속할 수도 있잖아요.

이창동　그런데 나는 소설을 쓸 때부터 그렇게 생기질
못했어요. 여기에 무슨 가치가 있냐는 자문은 영화로 오면서
더 심해졌어요. 그런데 최근 단편을 처음 하나 찍어보니,
영화 찍는 일이 그렇게 괴롭지만은 않더라고요? (좌중 웃음)
어쨌든 영화를 만들기 위한 영화는 하고 싶지 않아요. 만약
내가 고갈됐다고 하더라도, 하는 수 없다고 생각합니다.

감독

심장소리 *Heartbeat* (2022, 단편)
··· 출연 · 김건우, 전도연 외, 촬영 · 박홍열

버닝 *Burning* (2018)
··· 출연 · 유아인, 스티븐 연, 전종서 외, 촬영 · 홍경표

시 *Poetry* (2010)
··· 출연 · 윤정희, 김희라, 이다윗 외, 촬영 · 김현석

밀양 *Secret Sunshine* (2007)
··· 출연 · 전도연, 송강호 외, 촬영 · 조용규

오아시스 *Oasis* (2002)

··· 출연·설경구, 문소리, 안내상 외, 촬영·최영택

박하사탕 *Peppermint Candy* (1999)

··· 출연·설경구, 문소리, 김여진 외, 촬영·김형구

초록물고기 *Green Fish* (1997)

··· 출연·한석규, 심혜진, 문성근 외, 촬영·유영길

각본

버닝 (2018)

시 (2010)

밀양 (2007)

오아시스 (2002)

박하사탕 (1999)

초록물고기 (1997)

아름다운 청년 전태일 (박광수, 1995)

그 섬에 가고 싶다 (박광수, 1993)

제작

생일 (이종언, 2018)

버닝 (2018)

도희야 (정주리, 2013)

화이: 괴물을 삼킨 아이 (장준환, 2013)

여행자 (우니 르콩트, 2009)
두번째 사랑 (김진아, 2007)
밀양 (2007)

조감독

그 섬에 가고 싶다 (박광수, 1993)

기획

우리들 (윤가은, 2016)
싱글라이더 (이주영, 2016)
화이: 괴물을 삼킨 아이 (장준환, 2013)
도희야 (정주리, 2013)

영화는 질문을 멈추지 않는다

영화는 질문을 멈추지 않는다

2022년 4월 28일 초판 1쇄 발행
2024년 8월 1일 초판 2쇄 발행

기획	전주국제영화제

지은이	장 프랑수아 로제, 김영진, 박인호, 장병원, 리처드 페냐, 퀸틴,
	정지혜, 조너선 롬니, 김혜리
옮긴이	조경희, 김다히, 양한결, 김혜나, 주은정

펴낸이	이준동, 정상태
진행	문석, 김수현, 최지나, 이노해, 전유림
주소	54999 전라북도전주시 완산구 전주객사3길 22 전주영화제작소 2층
전화	063-288-5433
팩스	063-288-5411
홈페이지	www.jeonjufest.kr

© 전주국제영화제 2022
ISBN 979-11-973179-5-8 03680

펴낸곳 · 도서출판 아를
등록 · 제406-2019-000044호 (2019년 5월 2일)
주소 · 10881 경기도 파주시 문발로 139, 407호
전화 · 031-942-1832   팩스 · 0303-3445-1832